KRAUS-WEYSSER · DIE GROSSE MOTORRAD-SHOW

Die ältesten, größten, schnellsten und verrücktesten Motorräder

Folker Kraus-Weysser

DIE GROSSE
Motorrad
SHOW

Motorbuch Verlag Stuttgart

Einband und Schutzumschlag: Siegfried Horn
Layout: Folker Kraus-Weysser

Bildquellen: AMF/Harley-Davidson: Seiten 34/35 (2), 63; autopress: S. 14/15, 19,
48/49, 55, 56/57, 61; BMW: S. 35 (1), 45, 50/51, 53, 101 (4); Bredl: S. 31 (2);
Bürgle: S. 41, 65, 88, 89, 90/91; Collignon: S. 73 (6), 78/79; Daimler-Benz: S. 7, 8 (1);
Fritsch: S. 108/109 (2); Goodyear: S. 47; Hachette, Paris: S. 22/23; Honda: S. 34 (1);
Isenberg: S. 69, 71, 73 (1); Kawasaki: S. 34 (2); Kreidler: S. 63 (1); Lenhart/Wohanka:
S. 112/113; Münch: S. 31 (1), 34 (1); Muth: S. 102/103, 105, 107; Poinot, Paris:
S. 94/95; Schwab: S. 34/35 (6); Thomsen: S. 40/41 (2); Vann, Paris: S. 80, 83, 85;
Yamaha: S. 64/65 (3).

ISBN 3-87943-494-8

1. Auflage 1978
Copyright © by Motorbuch Verlag, Postfach 1370, 7000 Stuttgart
Eine Abteilung des Buch- und Verlagshauses Paul Pietsch GmbH & Co. KG
Sämtliche Rechte der Verbreitung – in jeglicher Form und Technik – sind vorbehalten.
Satz und Druck: Druckhaus Waiblingen, 7050 Waiblingen
Bindung: Großbuchbinderei E. Riethmüller, 7000 Stuttgart
Printed in Germany

INHALT

Die Ersten

Gottlieb Daimlers „Reitwagen" (rechts) hieß noch nicht Motorrad. Der Name „Motorrad" wurde erst 1894 „erfunden" – und prompt patentiert. Und anschließend war die Geschichte des Motorrades die Geschichte der Gefahren und Pleiten – der Gefahr, von einem nahezu fahruntauglichen Vehikel zu fallen und der Pleiten von unzähligen Motorradfirmen, die – kaum entstanden – schon wieder eingingen.

». . . ist nicht ganz ausgereift vom fruchtbaren Geist eines genialen Menschen hervorgegangen, sondern ist sehr langsam aus geduldigen Erfahrungen und Nachforschungen geboren. Erfinder, Fachmänner, die alle Richtungen exploriert haben, haben zu der Realisierung der ersten Kraftfahrzeuge beigetragen, manchmal ohne etwas zu vermuten.«

Was im Katalog-Vorwort des französischen Automobil-Museums von Rochetaillée-sur-Saone bei Lyon in akrobatischem Deutsch ausgedrückt wird, bedeutet schlicht, daß es keinen »Erfinder« des Motorrades gibt. So schwer den Franzosen der Umgang mit der deutschen Sprache fällt, so schwerfällig geriet die Urgeschichte des motorisierten Zweirades. Motorräder gab es nämlich noch lange nicht. Vielmehr bedurfte es erst einmal des keineswegs selbstverständlichen Einfalls, ein Vehikel auf zwei Räder zu stellen, von dem jeder Zeitgenosse annahm, es würde umfallen. So war es auch kein Zufall, daß die ersten Fahrräder niedrig genug waren, um mit beiden Beinen rechtzeitig die sichere Erde erreichen zu können.

Das nach der Überlieferung allererste Fahrrad des Franzosen Sivrac von 1790 sah denn auch mehr einem Schaukelpferd ähnlich, bei dem man die Kufen durch Räder ersetzt hatte. Schon zwei Jahre zuvor hatte sich sein Kollege und Landsmann Perran die Pläne für ein Dampf-

zweirad patentieren lassen, das jedoch nie bis zur Serienproduktion gedieh. Auch der deutsche Freiherr von Drais, dreißig Jahre später, konnte sich noch nicht entschließen, seine sogenannte »Draisine« und damit das eigentlich erste populäre Zweirad der Geschichte auf höheres Niveau zu bringen. Die abenteuerliche Idee, sich auf bis zu drei Meter hohe Hochräder zu setzen, hatten die historischen Zweiradfahrer erst in der zweiten Hälfte des letzten Jahrhunderts. Es stand nämlich bald fest, daß man mit jeweils einer Umdrehung der fest an der Vorderradnabe montierten Pedale eine um so größere Strecke zurücklegen konnte, je größer das Rad war.

Inzwischen befaßten sich aber bereits ungezählte Erfinder eifrig mit dem Gedanken, den menschlichen Muskelkraftmotor durch einen leistungskräftigeren Antrieb zu ersetzen. Es lag zwar nahe, den Dampfmotor als älteste Kraftmaschine überhaupt in Fahrräder einzubauen: Das älteste heute noch erhaltene Modell stammt aus Frankreich und wurde 1868 von einem Monsieur Ernest Michaux gebaut. Etwa zur gleichen Zeit präsentierte der Amerikaner Silvester Ropper ein ganz ähnliches Modell.

Zum Verkaufsschlager wurden die meist dreirädigen Dampfkisten allerdings nicht. Sie waren zu schwer und zu schwach. Das 1884 von dem Amerikaner Lucius Copeland gebaute Dampfrad Marke »American Star« beispielswei-

45501

se soll nicht weniger als zwei Zentner gewogen haben. Kaum eines der fauchenden und zischenden Vehikel brachte mehr als ein oder zwei PS auf die Straße.

Immerhin trug die dampfende Motorisierung dazu bei, daß sich weltweit immer mehr Ingenieure mit der Konstruktion einer praktischen Antriebsquelle beschäftigten, die sich ohne Schwierigkeiten in ein Fahrzeug einbauen ließe. Den Grundstein für diese Idee hatte bereits im 17. Jahrhundert der holländische Physiker und Mathematiker Christiaan Huygens mit der Konstruktion seines Schießpulvermotors gelegt.

Wie oft in der Geschichte der Technik führten mehrere Wege zu einem Ergebnis. Und es war daher fast kein Zufall mehr, daß im Januar 1860 der aus Belgien stammende Mechaniker Jean Joseph Etienne Lenoir sich einen Motor patentieren ließ: Die Konstruktion unterschied sich kaum von den damals gebräuchlichen horizontalen Dampfmaschinen – mit einer Ausnahme: als Antriebskraft wurde Gas benutzt. Damit war endlich die lange gesuchte Lösung gefunden, nämlich eine Leistungsquelle, bei der man keine Feuerung, keinen Kessel und keinen Heizer brauchte. Nur der Anschluß an das städtische Gaswerk mußte gewährleistet sein. Wie viele Fremdideen Lenoir bei der Konstruktion seines Motors verwendet hatte, beweist eine damals verteilte kritische Werbeschrift der Anhänger der Dampfmaschine: »Bei der Maschine von Lenoir wird der patentierte Kolben des Engländers Street verwendet. Sie hat die Wirkung wie die des Franzosen Lebon, sie wird gezündet wie die Maschine des Italieners Rivaz, der Zylinder wird mit Wasser gekühlt wie bei Samuel Brown, sie kann mit flüssigen Kohlenwasserstoffen betrieben werden, wie dies von Erskine Hazard vorgeschlagen wird . . .«.

Dennoch war es gerade diesem schwächlichen Gasmotor – 6 Liter Hubraum reichten eben für 1 PS – vorbehalten, zwei Männer zu ihrem entscheidenden Beitrag zur Geschichte der Motorisierung zu provozieren. Einer war der Kölner Kaufmann Nikolaus August Otto, der damals, 30jährig, in Paris einen Lenoir-Motor zu Gesicht bekam und mit der festen Absicht zurück an den Rhein fuhr, diese Konstruktion durch eigene Ideen zu verbessern. Auf der Pariser Weltausstellung 1867 konnte er das gemeinsam mit seinem Partner Eugen Langen gebaute Ergebnis vorweisen: Den ersten funktionstüchtigen Verbrennungsmotor.

Unter den Besuchern der Pariser Ausstellung befand sich auch ein junger Mann, der 33 Jahre zuvor im schwäbischen Schorndorf geboren worden war und über den später in der »Stuttgarter Polytechnischen Schule« vermerkt wurde: »Gottlieb Daimler, Mechaniker, außerordentlicher Schüler Nr. 21«. Dieser junge Mann trat als bereits weitgereister Ingenieur 1869 in die »Maschinenbaugesellschaft Karlsruhe« als Werkstattleiter ein und gewann innerhalb kurzer Zeit so viel Ansehen, daß sogar der Motorenbauer Otto in Köln auf ihn aufmerksam wurde. Dort hatte man inzwischen den »Ottomotor« so weit verbessert, daß man 1872 die Gasmotorfabrik Deutz gründen und sich nach einem erfahrenen Fabrikleiter umsehen konnte. Die Wahl fiel auf Gottlieb Daimler.

Allerdings durften die Herren damals keineswegs so gut geschlafen haben, denn Ottos vielgepriesener Motor war weit davon entfernt, als »Ei des Kolumbus« gefeiert werden zu können. Kaum über drei PS stark, war die Maschine mehr als vier Meter hoch. Die meisten Handwerker verzichteten lieber auf den Kauf eines solchen Ungetüms für den Antrieb ihrer Maschinen, weil ihre Werkstatt dafür einfach zu klein war. Noch immer wurden die meisten Motoren – so auch die Otto-Konstruktion – mit Gas und nicht mit Ligroin betrieben, wie man damals das nur in Apotheken fläschchenweise verkaufte Benzin bezeichnete. Gleichzeitig machte die bereits seit einem halben Jahrhundert erfolgreich durch die ganze Welt dampfende Eisenbahn überzeugende Werbung für die Dampfmaschine, und noch 1875 warnte ein Professor Releaux vor den Fortschritten der dampfenden Konkurrenz: »Herr Otto muß sich auf die Hinterbeine, Herr Daimler auf die vorderen stellen.«

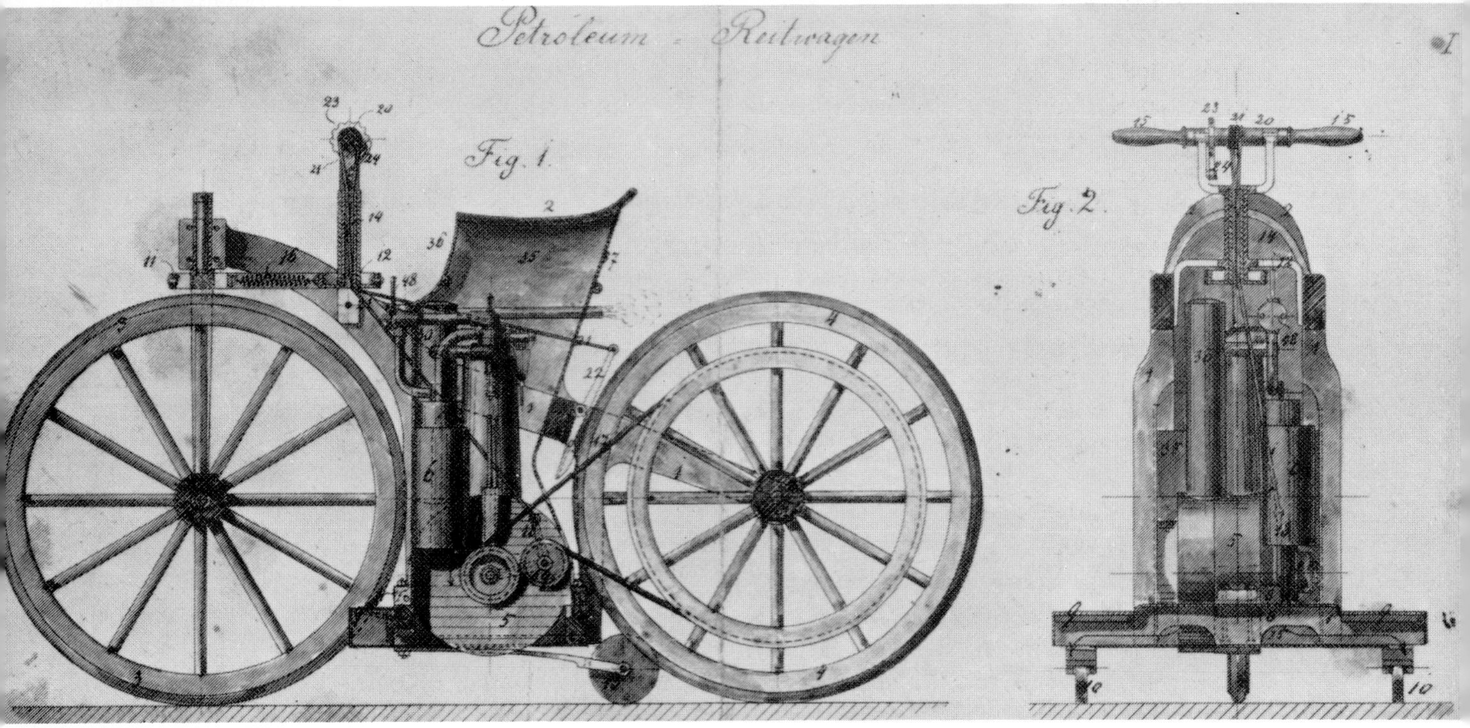

Petroleum - Reitwagen

Fig. 1.

Fig. 2.

Es handelte sich weder um das erste motorisierte Vehikel, noch um das erste Motor-Zweirad bei jener seltsamen Maschine, die Gottlieb Daimler 1885 in seinem Gartenhaus des Stuttgarter Vorortes Bad Cannstatt (oben) zusammenschraubte. Daimler ging es nicht um das Motorrad, er wollte vielmehr die Tauglichkeit des Daimler-Motors mit seiner Reitmaschine (darunter) demonstrieren: stehender Zylinder mit 264 ccm Hubraum, 0,5 PS bei 600 U/min, ein hängendes Ein- und ein stehendes Auslaßventil, Glührohrzündung, Hickory-Holzrahmen, 90 kg, 12 km/h, zwei Gänge . . .

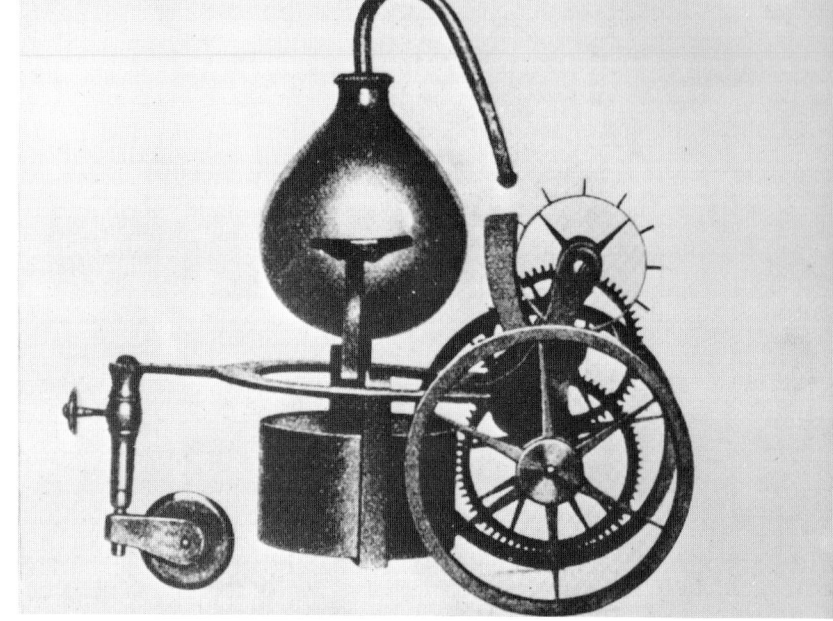

Ein Dampftopf, eine Feuerstelle darunter, der Dampf wirkt auf ein Schaufelrad, das seinerseits die Räder treibt – so sah um 1775 die Idee vom motorisierten Straßenverkehr aus.

In den Vereinigten Staaten von Amerika regte die Idee vom Dampf-Motorrad die Phantasie der Erfinder so an, daß damals – wenigstens auf dem Papier – monströse Vehikel entstanden, bei denen die Maschine die Hauptsache, die Räder dagegen nur noch Nebensache waren.

Bis etwa zur Jahrhundertwende stritten sich die Erfinder, wo der Motor beim „motorisierten Fahrrad" seinen Platz finden sollte. Um 1893 schlug ein Italiener vor, diesen auf einen Schiebe-Anhänger zu verbannen, damit das Fahrrad während der – häufigen – Reparaturen des Motors auch mit Muskelkraft zu verwenden sei.

10

Auch in französischen Witzblättern machte man sich vor 200 Jahren über den ausgefallenen Einfall her, mit Dampfkisten durch die Landschaft zu kurven. Daß man sich dabei nicht zwischen den konstruktiven Merkmalen eines Autos und eines Motorrades entscheiden konnte oder wollte, lag schlicht daran, daß kaum jemand die neumodische Technik ernst nahm.

„Die feine Gesellschaft im Qualm der neuen Technik" schrieb der französische Karrikaturist im 18. Jahrhundert unter diese Zeichnung und er hatte mehr Mitleid für die unter dem Dampf leidende Dame als Bewunderung für die neue Verkehrstechnik übrig.

Auch der spätere Autokonstrukteur De Dion – er wurde später durch seine Achskonstruktion berühmt – machte sich Gedanken über Motorräder – allerdings mit drei Rädern und Dampfantrieb. Später ersetzte De Dion den Dampfmotor durch einen Benzinmotor, montierte diesen an die Hinterachse und übernahm für einige Jahre die Führung in der europäischen Motorradindustrie.

Sie stellten sich. Während sich Otto an die Verbesserung seines Motors machte und Daimler die Rolle als sein Assistent übernahm, entstand innerhalb von nur drei Monaten jener Motor, der heute als Viertakter die Mehrzahl der über 200 Millionen Kraftfahrzeuge in aller Welt antreibt. Trotzdem geschah lange nichts oder wenigstens nicht viel, was zum Fortschritt des Motorradbaus beigetragen hätte. Abgesehen von dem Umstand, daß sich Daimler mit seinem Kölner Arbeitgeber wegen einer Vertragsgeschichte überwarf und sich am 1. Januar 1883 in die Idylle der Stuttgarter Vorstadt Bad Cannstatt zurückzog. Er ließ aus Köln seinen ehemaligen Mitarbeiter Wilhelm Maybach nachkommen und baute sein Gewächshaus zur Werkstatt aus. Das Ergebnis rumpelte 1885 über die Bad Cannstatter Friedrich-Karl-Brücke. Angetrieben wurde das Deutsche Reichspatent Nr. 36423 durch die beiden Patente DRP 28022 und 28243 vom Dezember 1883: Mit dem Daimler-Motor.

Es wird von einer alten Frau berichtet, die entsetzt stehen blieb, als das Vehikel über die Brücke gerumpelt kam, die dann ihren langen Rock über den Kopf zog und über die Straße hetzte, als sei der Leibhaftige hinter ihr her.

Es war ein knappes Jahr, bevor Daimlers späterer Partner Carl Benz in Mannheim seinen ersten Patentwagen fertigstellte und damit seine Frau Berta auf eine historische Fahrt von Mannheim nach Pforzheim schickte. »Im Odenwald stand eine Frau in der Tür, die sah mich, schrie ›Gott sei bei uns‹ und stürzte ins Haus«, erinnerte sich Frau Benz später. Und der Kommerzienrat Emil Adt aus Saarbrücken leistete sich den Kauf des ersten Benz-Wagens, weil er glaubte, ihm sei sowieso nur noch eine kurze Zeit auf Erden beschieden, und die wollte er mit gehöriger Spannung erfüllen.

Daimler freilich geriet mit seiner seltsamen »Reitmaschine« gar nicht erst in den Verdacht, er wolle sie einer offensichtlich lebensmüden Kundschaft gegen bares Geld andrehen. Für ihn war das Vehikel nicht mehr als ein Testfahrzeug für seinen Motor: Ein stehender, auf das öl- und staubdicht gekapselte Kurbelgehäuse ge-

schraubter Zylinder aus Bronzeguß mit 264 cm^3 Hubraum und 0,5 PS Leistung bei 600 U/min. Das im Zylinderkopf hängend angeordnete Einlaßventil arbeitete automatisch, das stehende Auslaßventil wurde über Kurvenscheibe betätigt. Daimler war nämlich von der Überlegung ausgegangen, daß sich durch Ventilsteuerung und Glührohrzündung die »Explosionen des Gasgemisches und damit die Zahl der Umdrehungen der Kurbelwelle nahezu unbegrenzt« steigern lassen müßten. Tatsächlich gelang es Daimler mit Hilfe der Glührohrzündung, Drehzahlen von 450 bis 900 U/min zu beherrschen, während im allgemeinen die Motoren damals nicht über 180 Umdrehungen hinauskamen.

Nach heutigen Maßstäben war diese Glührohrzündung so etwas wie ein Darmol-Kerzenleuchter als Zündkerze. Doch damals galt sie als patentwürdiger Fortschritt: Ein mit dem Zylinder verbundenes, nach außen geschlossenes Glührohr wurde durch einen Brenner angeheizt und auch während der Fahrt ständig hellrot glühend gehalten. Ein Teil des mit Hilfe eines Verdunstungs-(Oberflächen-)Vergasers – Erfinder: Maybach – erzeugten Benzin-Luft-Gemischs wurde bei der Verdichtung im Zylinder in das Glührohr hineingepreßt, entzündete sich dort und brachte somit das ganze Gemisch über dem Kolben zur Verbrennung.

Diese Sammlung von Technik-Gags hatte Daimler in einen soliden Hickory-Holzrahmen mit Flacheisenbeschlägen montiert, und am 10. November 1885 holperten die eisenbeschlagenen Holzspeichenräder erstmals über das urtümliche Pflaster. Auf 12 km/h Höchstgeschwindigkeit kam das 90 kg schwere Vehikel, dessen zwei Gänge über ein Riemenscheiben-Wechselgetriebe (1,2 und 1,1) nur im Stand geschaltet werden konnten. Damit es dabei auch wirklich nicht umfiel, hatten ihm Daimler und Maybach seitliche kleine Stützrollen verpaßt.

Erst mußte mit einer Petroleumlampe das Glührohr angeheizt werden. Dann erfolgte der Start mittels Handkurbel. Und es dauerte einige Zeit, bis der Kraftstoff schmatzend aus dem Vergaser-Tank angesaugt wurde und der Viertakter

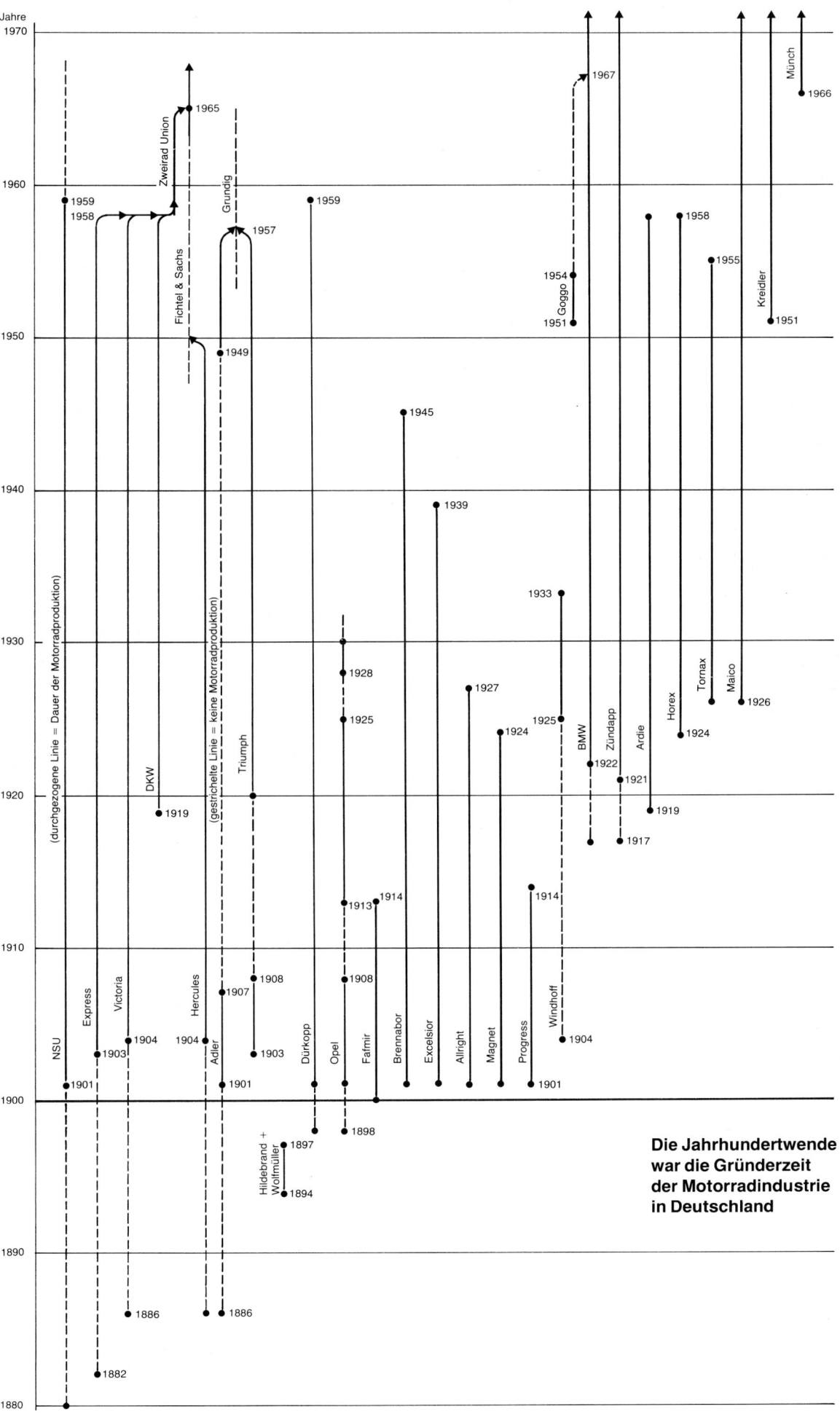

Die Jahrhundertwende war die Gründerzeit der Motorradindustrie in Deutschland

rund lief. Dann konnte sich der Fahrer auf den reitsattelähnlichen, lederbeschlagenen Sitz schwingen, die Riemenspannrolle der Kupplung regulieren – und holpernd setzte sich die Maschine in Bewegung.

Für diese Leistung wären Daimler und Maybach überdies fast noch als Falschmünzer verhaftet worden. Dem Polizeiwachtmeister Johannes Sieger, einst 40 Jahre in Bad Cannstatt im Dienst, war nämlich verdächtiges Hämmern und Rasseln zu später Nachtstunde in dem Daimlerischen Gartenhaus aufgefallen. Er verständigte seine Kollegen, und man entschloß sich, das »Verbrechernest« auszuheben. Als jedoch die Blendlaterne im Türrahmen aufleuchtete, fand sich nicht die erwartete Falschgeld-Presse, vielmehr stand Daimlers Motorrad-Motor auf der Werkbank.

Zwar entschuldigte sich der Cannstatter Schultheiß bei dem Erfinder, für ganz dicht dürfte man ihn aber nicht gehalten haben. Dabei fiel diese Pionierleistung in eine Zeit, die ganz offensichtlich überreif für die motorisierte Zweirad-Ära war. In allen Himmelsrichtungen klapperten die einspurigen Maschinen schon durch die Landschaft. Der englische Erfinder Edward Butler montierte als nächster einen Benzin-Motor in einen Fahrradrahmen. Sein folgendes Modell war ein Dreirad, dessen Motor am Hinterrad saß – ein Prinzip, das auch der Franzose De Dion und sein Partner Georges Bouton anwandten. Diese beiden übernahmen bald die Führung der Motorrad-Pioniere, und zwar so erfolgreich, daß ihre Maschinen in ganz Europa kopiert wurden – beispielsweise von der Firma Max Cudell in Aachen, die 1898 die Herstellung von De-Dion-Motorrädern mit 402 und 510 cm^3 aufnahmen.

Motorräder gab es schon viele, aber erst vom 20. Januar 1894 an trug das neue Verkehrsmittel auch wirklich den Namen „Motorrad": An diesem Tag erhielten die beiden Münchner Hildebrandt und Wolffmüller auf diesen Namen das Deutsche Reichspatent Nr. 78553 für ihr Vehikel mit dem respektablen Hubraum von 1,5 Liter, aus dem sie ganze 2,5 PS hervorzauberten.

Daimler und Maybach wurden zu Modell-Pionieren, von denen der Fortschritt im Motorradbau bis auf den heutigen Tag zu einem guten Teil zehrt. Noch immer gibt es die »Bastler«, die sich kaum anders als Gottlieb Daimler für ein technischen Prinzip engagieren. Felix Wankel experimentierte seit den 20er Jahren mit seinem Dreh-, später Kreiskolbenmotor, den im letzten Viertel dieses Jahrhunderts nacheinander Hercules, Yamaha und Suzuki sowie der Holländer Hendrik van Veen als Motorradantrieb verwendeten. Van Veen war es auch, der die ursprünglich für Autos entwickelte »Computer-Zündung« des Deutschen Dr. Hartig übernahm. Auch als der Mechaniker Friedel Münch 1965 ein NSU-Auto zu Gesicht bekommen und die Motorhaube aufgeklappt hatte, trat er prompt in die ideellen Daimler-Fußstapfen: er setzte den Automotor in einen Horex-Rahmen und machte das jahrelang stärkste Serien-Motorrad der Welt daraus.

Es waren vor allem solche Männer, die die Geschichte des Motorrades mit allen typischen Merkmalen der üblichen Technik-Historie ausstatteten. Beim Motorrad ebenso wie bei Eisenbahn, Luftfahrt oder Automobil war es nicht ein einzelner Erfinder, sondern eine Garde von überdurchschnittlich phantasiebegabten Technikern, die über einem Ei brüteten, das einfach gelegt werden mußte, weil die Zeit dafür reif war. Genau diesem – fast als Gesetz des Fortschritts gültigen – Prinzip entsprach auch der Weg durch die Historie des Motorrads:

1. Pioniere wie Daimler, Lenoir, aber auch der Freiherr von Drais legen den Grundstein zur Idee;
2. erste, noch kleine Herstellerfirmen wie »Hildebrandt & Wolfmüller« in München oder später größere, wie NSU und Wanderer, werten sie aus;
3. einmal so weit entwickelt, kann die großindustrielle Serienfertigung starten: BMW, DKW, Zündapp, Harley-Davidson, Norton usw. entstehen – freilich um den Preis zunehmender Abhängigkeit von der allgemeinen wirtschaftspolitischen Richtung, die beispielsweise während der Weltwirtschaftskrise der 30er Jahre oder nach dem letzten Kriegsende nur eine verhältnismäßig geringe Zahl von Motorradnamen überleben ließen.
4. die Konkurrenz des Autos droht den Lebensnerv abzuschneiden und erzwingt die Suche nach einer neuen Philosophie – die Technik kehrt zu ihren Anfängen zurück, das Motorrad wird wieder Freizeitvehikel.

Automobilen und Luftfahrt steht die letzte Entwicklungsphase noch bevor, die Dampfeisenbahn ist bereits mittendrin.

Die ersten Motorradfabrikanten jedoch waren meist noch selbst Pioniere, die sich mit Staubkappen und ebenso eisernen Fäusten wie Nerven auf ihre vollgummibereiften Maschinen setzten und in Qualmwolken durch die Landschaft kopfschüttelnder Zeitgenossen donnerten. Einer von ihnen hieß Alois Wolfmüller, der andere Hans Geisenhofer, der Dritte im Bund war der Münchner Heinrich Hildebrandt: Sie brachten 1894 das erste wirklich in Serie gefertigte Motorrad auf den Markt. Und sie hatten noch einen zweiten Einfall, für den ihnen am 20. Januar 1894 das deutsche Reichspatent Nr. 78553 erteilt wurde: Sie erfanden den Namen »Motorrad«. Sie hätten das Ding auf zwei Rädern ebensogut auch »Fahrmotor« oder »Radmobil« taufen können. Aber die »Hildebrandt & Wolfmüller« war ein Motorrad – mit zwei Zylindern und dem respektablen Hubraum von 1,5 Liter, aus dem sie ganze 2,5 PS zauberten. Heute macht man daraus über hundert. Damals schlugen aber Schwergewicht, aufwendige Wasserkühlung und vor allem ständige Defekte unheilvoll zu Buch. Noch immer war man auf die Glührohrzündung angewiesen, und mancher Fahrer fluchte mehr, als er tatsächlich fuhr, weil der Fahrtwind die Zündung ausblies.

Da Hildebrandt wie Wolfmüller offensichtlich ihren Vorrat an technischer Phantasie aufgebraucht hatten und es versäumten, ihr »Motorrad« weiter zu verbessern, mußten sie ihre Firma nach drei Jahren schließen.

Die Idee freilich nahm deshalb keinen Schaden. Während es das erste Automobil nicht leicht hatte, überhaupt ernst genommen zu werden, schlugen die ersten Motorräder wie Bomben ein. Auf Fahrrädern hatten schon viele gesessen. Offenbar ahnte man deshalb, wie angenehm es sein müßte, ohne Strampeln Radfahren zu können, wenn auch der Gedanke einigermaßen abenteuerlich war. Einer dieser ersten Motorradfahrer nahm seine Hildebrandt & Wolfmüller mit nach England – wo sie noch heute im Londoner Science Museum zu besichtigen ist – und erregte ungeheures Aufsehen. Dieser Moritz Schulte kam von der 1903 gegründeten Nürnberger Motorradfirma Triumph, und es war kein Wunder, daß er deshalb auch gleich einem englischen Motorradunternehmen gleichen Namens in Coventry zum Leben verhalf.

Fortan schossen Motorradfirmen wie Pilze aus dem Boden, wo immer ein Motorradfan auftauchte. Im amerikanischen Cleveland wurden Boxer- und V-Motoren gebaut, in London ein Vierzylinder. Die Gebrüder Werner in Paris setzten den Motor über das Vorderrad, der Italiener Bernhardi packte ihn auf einen einrädrigen Schiebeanhänger.

Fahrräder stellte auch Adam Opel in Rüsselsheim her, nachdem er mit dem Bau von Nähmaschinen den Zorn sämtlicher Schneidermeister auf sich gezogen hatte. Um auch wirklich nicht den Anschluß an die auf kommende Motorisierung des Verkehrs zu verpassen, ließ er in einer unternehmerischen Kraftanstrengung schließlich auch noch Autos und Motorräder nebeneinander in seinen Montagehallen bauen. Die Autos waren französische Lizenzprodukte, die Motorräder robuste 1,75 und 3,5 PS-Einzylindermodelle. Auch später, als das Opelzeichen vornehmlich Autos zierte, stieg Opel mit Unterbrechungen noch dreimal ins Zweiradgeschäft ein. Fahrräder vor allem schienen als Basis für die Motorradherstellung geeignet. Und Fahrräder wurden im Deutschland der Jahrhundertwende vor allem in der Gegend um Bielefeld produziert. Firmen wie Anker, Bastert, Falter, Göricke, Meister, Rixe, Trianon, Wittekind oder Wittler setzten meist zugelieferte Fremdmotoren in ihre Fahrradrahmen und versuchten sich in Boom-Zeiten, freilich meist mit mäßigem Erfolg, an

Eigenkonstruktionen. Andere Motorradbauer gingen den umgekehrten Weg und ließen sich Fahrradrahmen »Made in Bielefeld« für ihre Motoren liefern.

Auch im süddeutschen Neckarsulm wurden Fahrräder gebaut. Dort hatte am 1. April 1880 Christian Schmidt eine Säge- und Gipsmühle gekauft und sie zur Strickmaschinenfabrik umgebaut. Vier Jahre später wurde sein Schwager Gottlob Banzhaff Direktor, und der nahm 1886 die Fahrradproduktion, 1901 die Herstellung von Motorrädern auf. »Wir haben uns entschlossen, für nervenstarke Fahrer ein starkes, dreipferdiges Motorrad zu bauen, das sehr schnell ist, man kann aber auch langsam damit fahren«, kündigte 1903 ein Firmenprospekt das erste, unabhängig von Zulieferfirmen in Neckarsulm gebaute Motorrad an. Die Nachfrage war entsprechend groß. Hatte man im Geschäftsjahr 1901/1902 noch 474 Maschinen ausgeliefert, kletterte die Produktion zwei Jahre später bereits auf 2 228 Maschinen.

Zwischen Neckar und Sulm wurde der Startschuß zur Volksmotorisierung gegeben – zur Motorisierung eines Volkes, das 1911 bei NSU noch einen Wochenlohn von 25 Mark nach Hause brachte, ab 1927 bei NSU am ersten Fließband der Motorradproduktion arbeitete und 1948, gleich nach der Währungsreform, im NSU-Lohnbüro jede Woche einen Fünfziger abholte. Dafür baute das NSU-Volk 1955 bereits 350 000 Maschinen. Und das im Bewußtsein, daß NSU gemeinsam mit Adler, Allright, Brenabor, Magnet, Progress, Mars, Triumph, Wanderer, Windhoff – alles in allem etwa vier Dutzend Namen – zu den Gründerpionieren der deutschen Motorradindustrie gehörte. »Noch ehe eine englische Motorradindustrie existierte, waren die Neckarsulmer auf dem englischen Markt«, warb man jahrelang in forschen Sprüchen.

Aber es stimmte. Denn Triumph war keineswegs das erste englische Motorrad, da man in Coventry noch jahrelang Teile aus Nürnberg bezog. Und James Landowne Norton kam in Birmingham erst 1902 mit seinem »motorisierten Zweirad« auf den Markt, das über einen französischen Zweizylinder-V-Motor mit 1,5 PS verfügte. Und noch weitere drei Jahre später konstruierte der ehemalige preußische Offizier Johann Gütgemann, der als Mr. Goodman nach London auswanderte, einen Viertaktmotor mit – erstmals – »quadratischen« 80 mm Bohrung und Hub. »Veloce« sollte die neue Motorradmarke heißen, aber eine wirtschaftliche Flaute verzögerte bis 1910 das Debüt. Das geriet dann allerdings keineswegs zur Sensation, denn die erste »Velocette« war ein »bread-and-butter«-Motorrad mit 500 cm^3 Hubraum, ein Kraftfahrzeug für weniger Begüterte, wie es damals viele gab. Die großen Erfolge kamen erst später – etwa 1925 mit einer überaus erfolgreichen Königswellen-Rennmaschine oder 1928 mit der ersten käuflichen Rennmaschine überhaupt. »Velocette« wurde so etwas wie ein Bugatti auf zwei Rädern, bis die Firma 1971 dem allgemeinen Niedergang der britischen Motorradindustrie zum Opfer fiel.

Technisch blieb die Phase nach dem ersten Aufbruch ins zweirädrige Neuland jedoch auf Detailverbesserungen beschränkt. Die Produktion war unübersichtlich, die Maschinen blieben störanfällig. Konnten Schäden am Fahrgestell noch Schmiede und Schlosser bewältigen, so war der Motor ein Buch mit sieben Siegeln. Der Begriff »Kundendienst« war noch nicht in den allgemeinen Sprachgebrauch vorgedrungen. Noch immer hatten Bastler unter den Herstellern ihre Hochkonjunktur. Als Harley und Davidson in ihrem Holzschuppen saßen und ihr erstes Motorrad zusammenschraubten, wußten sie nicht, wo sie das Gehäuse für den Vergaser hernehmen sollten. Da leerte Davidson kurzerhand eine Konservendose, schnitt den Deckel ab – und das Problem war gelöst.

Die Detailverbesserungen freilich waren vor allem dafür verantwortlich, daß überhaupt ein Fortschritt stattfand. Zum Beispiel: Auf die »Knochenzündung« beim Fahrrad folgte die unzuverlässige Glührohrzündung. Das erste NSU-Motorrad aber war schon mit einer Spulenzündung, mit galvanischem Trockenelement ausgerüstet,

das immerhin für die Zündfunken einer 2 000-Kilometer-Strecke ausreichte. Aber schon wenig später trat anstelle dieses Trockenelements der zuverlässigere Akkumulator, ein Vorläufer der heutigen Motorrad-Batterie.

Unterdessen hatte sich jedoch schon ein neuer Fortschritt vorbereitet. Gerade dort, wo Daimler ehemals ein erstes Motorrad über das bucklige Pflaster holpern ließ, wohnte ein Mechaniker, der Telefone baute. Dieser Stuttgarter, Robert Bosch, meinte 1887, daß Gasmotoren eigentlich mit einem Magnetzünder besser funktionieren müßten. Es dauerte noch einige Jahre, bis die Erfindung seines Mitarbeiters Honold in einem Fahrzeugmotor arbeitete, doch um 1903 machte die elektromagnetische Bosch-Zündung endgültig allen bislang üblichen Zündstörungen ein Ende.

Ihrem Ende zu neigte sich auch die Fahrrad-Ära. Mehrere Hersteller entschlossen sich zum Bau echter Motorräder, bei denen der Motor nicht mehr dem Fahrrad, sondern das Fahrrad dem Motor angepaßt wurde. Und reichte die eigene Phantasie nicht mehr aus, kramte man in den Archiven, um dem Motorradmarkt mit neuen Einfällen ein Schnippchen zu schlagen. So stellte 1904 die bekannte belgische Waffenfabrik F. N. auf dem Pariser Motorradsalon ein neues Vierzylindermodell vor, das erstmals nicht mehr den bis dahin üblichen Riemenantrieb zwischen Motor und Rad aufwies, sondern eine gelenkige Wellenübertragung. Ganz neu war der Einfall allerdings nicht. Hatte doch schon im 16. Jahrhundert der italienische Mathematiker, Arzt und Philosoph Geronymo Cardano das »Kardangelenk« erfunden. Über 300 Jahre später machte sein Vorschlag Schule. Fast gleichzeitig mit F. N. bauten nämlich auch Peers in Amerika, Brinks in England sowie Opel & Beyschlag in Österreich Motorräder mit Kardanantrieb. 1905 kam Italien (»Cappa«) dazu, 1909 England, und damit riß die Reihe der Kardan-Motorräder nicht mehr ab. Nahezu alle großen Marken bauten irgendwann einmal wellengetriebene Maschinen. In England gehörten BSA ebenso dazu wie Brough-Superior oder Sunbeam, in Italien Car-

abello ebenso wie Iso und MV Agusta, Jawa in der Tschechoslowakei, in Frankreich Motobécane, Dollar, Alcyon sowie Gnome & Rhone, die schweizerischen Condor- und Universal-Motorräder und schließlich in Deutschland Victoria, Hoffmann, Wanderer, Zündapp, Triumph und, last not least, BMW.

Eines der bemerkenswertesten Kardan-Motorräder Deutschlands allerdings war keine BMW. Vielmehr wurde es 1919 im thüringischen Suhl von den Gebrüdern Krieger und Franz Gnädig gebaut und hieß schlicht »K.G.«. Das Schicksal dieser 500er und ihrer geistigen Väter wurde typisch für das Auf und Ab in der deutschen Zweiradbranche während der folgenden Jahre. Anfangs bauten Peter, Oskar und Max Krieger gemeinsam mit dem gelernten Modelltischler Franz Gnädig ihre Einzylindermaschinen noch auf eigene Rechnung. Weil aber die Nachfrage weit über ihre finanziellen Mittel ging, hängten sie sich 1922 bei den ebenfalls thüringischen

Die Marke „NSU" gehört zu den Pionieren des Motorradbaus. Wurden ursprünglich in Neckarsulm noch Strickmaschinen, dann Fahrräder gebaut, wagte man 1901 den Sprung ins Motorradgeschäft. Dieses erste in Serie gefertigte und – noch – von einem Zedel-Einbaumotor angetriebene NSU-Motorrad entwickelte bei 234 ccm Hubraum die Leistung von 1,75 PS und war 48 km/h schnell. Es war ein typisches Kind seiner Zeit, nämlich ein motorisiertes Fahrrad. Erst langsam wagten sich die Konstrukteure an den Bau echter Motorräder.

19

Cito-Werken an. Doch schon nach einem Jahr geriet Cito in finanzielle Schwierigkeiten und wurde von der Kölner Firma Allright übernommen. Auch dort gehörte die »K.G.« weiterhin zum Produktionsprogramm – bis 1927, als Allright seinerseits in die finanzielle Klemme und in den Besitz des Fahrradfabrikanten Paul Henkel geriet, der ebenfalls die »K.G.« weiterbaute.

Die Kriegers und Gnädig jedoch waren schon mit dem Ende von Cito aus dem Firmenkarussell ausgestiegen, und jeder für sich baute nun eine eigene K.G.-Version weiter: Die Krieger-Brüder in Suhl als »Original-Krieger«, Gnädig in Berlin als »Original-Gnädig«. Damit gibt es in Veteranen-Sammlungen heute mindestens sechs verschiedene »K.G.«, vielleicht gibt es sogar noch ein paar bislang unentdeckte.

Die K.G.-Geschichte ist ebenso wirr und bewegt, wie es die folgenden Jahre für die Motorradindustrie wurden, die man getrost als die »verrückten Zwanziger« bezeichnen kann. Längst trennten Zwei- und Viertakter die Weltanschauungen. Der Zweitakt-Papst saß in England und hieß Alfred Scott. Er hatte 1908 das erste Motorrad mit Zweitaktmotor auf den Markt gebracht, und seither widmeten sich auch in Deutschland immer mehr Motorenbauer der konstruktiv einfacheren Technik. Vor allem an der Spree scharten sich die Zweitakt-Anhänger. Konstrukteure wie Hugo Ruppe, Kurt Pohle, Ernst Eichler und Wilhelm Baier hoben in Berlin eine Zweiradmarke nach der anderen aus der Taufe: Amag, Amo, Ammon, Argeo, Autoflug, Böhme, Dihl, Schliha, Stolz, Wegro oder Wotan hießen einige von ihnen, die auch untereinander einen lebhaften technischen Erfahrungsaustausch pflegten. So tuckerten in »S.A.R.«- oder »Brand«-Motorrädern die Zweitakter des Konkurrenten Bekamo. Und im Rahmen einer »Eichler« oder einer »Wurring« saßen Motoren von DKW – einer weiteren, allerdings nicht mit Spreewasser getauften Zweiradmarke.

Außerdem kamen Motorräder mit Kettenantrieb auf, mit Dreiganggetriebe und allradgefedertem Rahmen. Es gab Motorräder mit einer Pedalstartvorrichtung, die in Verbindung mit einer Doppelübersetzung das Anfahren ohne Ständer ermöglichte. Die ursprüngliche Tropfölung mittels Handpumpe wurde erst durch einen halbautomatischen Tropfölapparat, und dann durch die im Motorengehäuse eingebaute vollautomatische Ölpumpe ersetzt. Die Steckachse kam auf, bequemere Lenkerformen wurden entwickelt, der »Brooks-Patentsattel« löste die oft noch reichlich spartanischen Sitze ab. Aber die seitlichen Gepäcktaschen für die Unterbringung von Werkzeug und Ersatzteilen waren noch sichtbare Hinweise, daß Motorräder immer noch reichlich anfällige Vehikel waren.

Die Industrie produzierte oft ohne Rücksicht auf den Kundengeschmack. Ganz allgemein bestand in der Nachkriegszeit (nach 1918) eine starke Nachfrage nach billigen Verkehrsmitteln. Gleichzeitig drängten ausländische Motorradmarken auf den deutschen Markt, wo die finanzschwachen und durch Rohstoffmangel gebremsten Hersteller meist nur mit motorisierten Fahrrädern dagegenhalten konnten. Es war kein Wunder, daß sich die Konstrukteure lieber mit ihren Zeichenbrettern als mit Marktanalysen beschäftigten. Jeder technische Fortschritt war willkommen.

In diesen Sog geriet auch ein Däne namens J. S. Rasmussen. Er hatte während des Ersten Weltkrieges in Chemnitz versucht, den allgemeinen Benzinmangel durch den Bau eines Dampfmotors zu überwinden. Um den unpopulären Begriff »Dampf-Kraft-Wagen« für sein Vehikel nicht verwenden zu müssen, hatte er sein Fahrzeug einfach »DKW« getauft. Doch dann war das Kriegsende und damit auch für Rasmussens Experimente ein vorläufiges Ende gekommen. Aber nicht für lange. Dann nämlich konstruierte der Berliner Hugo Ruppe für ihn einen Mini-Spielzeugmotor mit 25 cm³ Hubraum und ¼ PS, der wieder den Namen »DKW« (»Des Knaben Wunsch«) erhielt. Aber mit Spielzeug war nichts zu verdienen. Deshalb gründete der Däne 1919 die »Zschopauer Motorenwerke J. S. Rasmussen AG«. Der hier produzierte, aus dem Spielzeugmotor entstandene Fahrradhilfsmotor entwickelte sich so schnell zu einem Verkaufs-

20

schlager, daß man ihn ganz zu recht wieder »DKW« nannte – »**D**as **K**leine **W**under«!

1922 entschloß sich Zündapp zum Bau von Motorrädern. Fritz Neumeyer der Firmengründer, hatte mit untrüglichem Instinkt die Marktlücke zwischen den hilfsmotorisierten Fahrrädern einheimischer Produktion und den hubraumstarken, zum Teil importierten »schweren« Motorrädern erkannt. Was fehlte, war ein Gebrauchsmotorrad der Mittelklasse, ein Motorrad für die Massen. Das brachte nun Zündapp auf den Markt. Als Vorbild diente die damals erfolgreiche englische »Levis«-Zweitakt-Maschine: mit 211 cm³ Hubraum, ohne Getriebe und mit direktem Riemenantrieb zum Hinterrad. Die 2,25 PS bei 2 000 U/min reichten gerade aus, um den Rock einer jungen Beifahrerin auf dem Soziussitz flattern zu lassen – und innerhalb von zwei Jahren verdreifachten die Nürnberger ihre Verkaufsziffern.

Da mochten auch die 1917 gegründeten Bayerischen Motorenwerke nicht nachstehen, und aus dem Bau von Einbaumotoren und kompletten Motorrädern (»Flink«, »Helios«) wurden dann 1923 die Maschinen mit dem weiß-blauen BMW-Zeichen am Tank. Eine Lawine von Firmengründungen in der Motorradbranche wurde damals ausgelöst und überflutete den Markt. »Den Schiffer im kleinen Schiffe ergreift es mit wildem Weh – er raucht nämlich Inland-Feinschnitt statt Oldenkott-Übersee«, reimte damals Anni Müller und bekam dafür von der Oldenkott-Tabakmanufaktur 500 Mark. Genausoviel kostete ein fabrikneues Motorrad. Ein winziger, dachloser Hanomag-Zweisitzer war fünfmal so teuer, obwohl er nur einen Zylinder und winzige zehn PS unter der Haube hatte. Es waren die Zeiten, in denen sich kleine Leute kein Auto leisten konnten und deshalb erst mit dem Fahrrad, später, wenn's besser ging, mit dem Motorrad zur Arbeit fuhren, den Henkelmann auf den Soziussitz geschnallt.

Weit über 50 000 verschiedene Typen, schätzt der Motorrad-Historiker Erwin Tragatsch, wurden allein in Deutschland, Österreich und der Tschechoslowakei im Laufe der Jahre und Jahrzehnte gebaut.

Rund die Hälfte davon dürfte in den »verrückten Zwanzigern« entstanden sein. Die Firmen vermehrten sich schneller als die Käufer. Über Nacht entstanden neue Motorradmarken – und bald waren sie wieder verschwunden. Weit über 300 Firmen hielten nicht länger als zwei, drei Produktionsjahre durch. Da tauchte 1924 eine »Ude«, eine »Atlantic« und eine »Pan« auf. Ein Jahr später gab es sie nicht mehr. Die »Flink« tauchte 1920 auf, 1922 war sie ebenso flink wieder verschwunden. Die »Everest« erreichte die Bergspitze nie, denn nach einem Jahr rutschte sie ins Tal der Pleiten. Der Auto-Journalist B. Busch glaubt: »Es gab damals in Deutschland fast 500 Hersteller – die meisten begnügten sich damit, wie der Milchmann und der Bäcker, nur die nächste Umgebung zu beliefern«.

Die seltsamsten Namen tauchten auf. Die »Balaluwa« wurde wohl in einer Faschingsnacht kreiert, denn sie kam nicht vom Kongo, sondern von der Isar. Von einem ehemaligen russischen Weltkrieg-I-Flieger stammte die »Djounn«, und dann waren da noch der »Eisenhammer«, die »Elfe« und der »Engel«, der allerdings gleich im ersten Jahr wieder in den Motorradhimmel einging. Eine »Schlimme« versuchte ihr Glück, doch weil die meisten Käufer wohl eine ganz schlimme »Schlimme« erwischten, hielt sie sich gerade ein Jahr. Die »Juhö« war kein Juchzer, sondern wurde von einem Julius Höflich gebaut und kam mit dessen Anfangsbuchstaben zu ihrem optimistischen Namen. Auch die »Hapamee« wurde auf die jeweils ersten beiden Buchstaben ihres Konstrukteurs Hans Paul Meineke getauft, was ihr jedoch auch nicht über ein einziges Produktionsjahr hinweghalf. Die Aktiengesellschaft der Herren Marquardt & Hillmann ließ zwischen 1924 und 1927 die »Ge-Ma-Hi« auf die Straße rollen. Der Münchner Eugen Seeger wollte zwei Jahre lang ein Volksmotorrad unter die Leute bringen, die aber offenbar keine »Vomo« wollten. Auch die Herren Ziegelgängsberger & Jakob in Nürnberg verschwendeten zwischen 1924 und 1926 offenbar mehr

Phantasie darauf, einen passenden Namen für Ihr schließlich »Ziejanü« getaufte Modell zu finden, denn außer dem Gerichtsvollzieher wollte es niemand.

Einige Namen allerdings konnte sich die Branche vergolden lassen. Der technische Direktor von BMW und ehemalige Flugmotoren-Ingenieur bei Daimler etwa, Dr. Max Fritz, stellte 1923 jene BMW R 32 vor, mit der noch heute die weiß-blauen Maschinen deutlich verwandschaftliche Züge verbinden. Ernst Neumann-Neander baute Motorräder, die ihrer Zeit weit voraus waren. Seine Maschinen waren nicht lackiert – oder wie damals üblich emailliert –, sondern besaßen einen leicht zu reinigenden Cadmiumüberzug, wie er heute wieder in selbstreinigenden Backöfen auftaucht. Seine Sitze waren schalenförmige Blechplatten, die mit Luftkissen gepolstert wurden. Albert Roder war geistiger Vater ungezählter Zündapp-, Victoria- und NSU-Maschinen – in Neckarsulm wurden noch zwischen 1952 und 1954 seine erfolgreichen Rennmaschinen gebaut. Bevor Porsche den VW-Käfer entwickelte, konstruierte er für die Wiener Lohnerwerke einen Rollermotor, und Richard Küchen konstruierte für Zündapp, DKW, Victoria und andere einige der besten Zweiradmotoren, die es jemals gab. Die technischen Einfälle sprühten in dieser Zeit Funken. Da wurden in Altenburg Motorräder mit einem Fahrgestell aus Elektron ausgeliefert – heute gut genug für die Heckschwinge der »Münch«. Die Berliner »Bekamo« ebenso wie die in Minden gebaute »Hoco« hatte einen Rahmen aus Eschenholz – leicht und schön. Und in der Tschechoslowakei gab es die 600er »Böhmerland«, die zwei Tanks beiderseits der Hinterrads besaß, so daß vorn genügend Platz für drei (!) Personen blieb.

Zu Beginn unseres Jahrhunderts gab es im Motorradbau nichts, was es nicht gab. Bremsen waren unwichtig, der Antrieb alles. Mit dieser Propeller-getriebenen Maschine wollte man 1906 in Frankreich einen Geschwindigkeitsrekord aufstellen. Aber der Versuch mißlang.

In diesen Jahren tauchte auch ein Zwitter aus Roller und Motorrad auf den Straßen auf, von dessen hervorragenden Fahreigenschaften die Veteranen noch heute träumen. Die ersten zwei Buchstaben der Hersteller lieferten den Namen: Meixner, Cockerell und Landgraf setzte sich zu »Megola« zusammen. Vor allem auf das Konto von Fritz Cockerell ging die Konstruktion, die alle Vorstellungen vom herkömmlichen Motorrad über den Haufen warf. Der Fünfzylinder-Sternmotor saß im Vorderrad, der geschweißte Kastenrahmen samt gefedertem Hinterrad wurden gezogen. Es gab weder Kupplung noch Getriebe, aber ehemalige Besitzer versichern, daß zwei Schritte genügten, um den ungemein elastischen Motor brummen zu lassen.

Aber kaum ein Dutzend Hersteller brachten es zu wahrer Größe – wie beispielsweise Rasmussens DKW-Firma, die innerhalb weniger Jahre zur weltgrößten Motorradfabrik aufstieg. Die erdrückende Konkurrenz innerhalb und von jenseits der Grenzen klemmte den meisten Firmen den Lebensnerv ab. Vor allem aber die Inflation versetzte vielen den Todesstoß. Am 20. November 1923 beispielsweise kostete eine Zündapp Z 22 nicht weniger als 1 200 Billionen Mark. Und wer den ersten Sturm zitternd überlebte, der erlebte seine Pleite Anfang der 30er Jahre, als sich sechs Millionen Arbeitslose vor den Volksküchen scharten. DKW schloß sich mit den traditionsreichen Auto-Herstellern Horch, Audi und Wanderer zur Auto Union zusammen. Die Firma »Abendsonne« glich einer Sonne am Abend, denn kaum war sie 1933 gegründet, ging sie 1934 wieder ein.

Viele renommierte Berliner Zweiradfirmen mußten ebenso schließen wie der Schwabe Spiegler, der im württembergischen Aalen vornehme Maschinen mit Einbaumotoren herstellte. Die »Windhoff« war wohl das renommierteste Opfer, denn die ursprünglich auf Autokühler spezialisierte Firma gehörte zu den bekanntesten Berliner Motorradbauern. Hans Windhoff baute so ziemlich alles, was auf zwei Rädern fahren konnte – Zwei- und Viertakter, Ein-, Zwei- und Vierzylinder, es gab Maschinen mit 122 und 748 ccm, aber auch eine »Tausender«, man trieb mit Riemen, Kette und Kardan an, kühlte mit Luft, Öl und Wasser. Und dabei auf bestem technischem Niveau. Knapp 2 000 Mark kostete eine 750er »Windhoff« kurz vor der großen Wirtschaftskrise. Zu viel für die Kundschaft.

Trotzdem ging es in der Branche aufwärts. Durch Gesetz wurde die Steuerfreiheit für fabrikneue Fahrzeuge angeordnet und Steuererleichterung für ältere Modelle eingeräumt. Eine einheitliche Straßenverkehrsordnung und staatlicher Kraftfahrsport förderten den Spaß am Motorrad. In Deutschland wurden 1937 mehr als 100 000 Motorräder produziert, in Frankreich dagegen keine 10 000. Während diesseits des Rheins Hitler der Jugend zurief: »Die deutsche Jugend muß eine Jugend der Motorradfahrer werden«, jammerte jenseits des Rheins das Pariser Fachblatt »Moto Revue«: »Unser Staat hat nie begriffen . . . unser Staat wird nie begreifen«.

Doch die reichsdeutsche Zweirad-Überlegenheit nutzte wenig. Während 1939 allein durch Berlin fast 60 000 Motorräder knatterten, waren nach dem Krieg kaum noch 2 000 übrig.

Dieses Defizit beeilte man sich nach dem großen Kriegsdebakel wieder gutzumachen. Die kleine NSU »Fox« und die stolze Horex »Regina« stahlen sich gegenseitig die Schau. Sogar im fernen Japan, wo man während des Krieges fast ausschließlich erbeutete Harleys kopierte und außer einem Kogyo-Dreirad nur die 250er Sankyo gebaut hatte, stieg 1948 Honda in die Motorradproduktion ein. Der bundesdeutsche Motorradbau erlebte 1952 ein Rekordjahr: eine Drittelmillion neue Motorräder wurden zugelassen.

Dreizehn Jahre später waren es keine 3 000 mehr. Denn inzwischen war unmerklich jene Konkurrenz entstanden, über die man heute lächelt und die inzwischen zu Antiquitätenpreisen gehandelt wird. Es war der kleine Lloyd mit wachstuchüberzogener Sperrholzkarosse und zum damaligen Preis eines Motorrades mit Seitenwagen. Oder das Goggomobil, von dem man sich erzählt, daß es der alte Herr Glas nur aus dem Grund gebaut habe, weil ihm die im Regen unter Brücken frierenden Motorradfahrer leidgetan hätten. Alle profitierten vom Wirtschaftswunder, nur die deutsche Motorradwelt nicht – sie donnerte gegen zunehmenden Wohlstand wie gegen eine Backsteinmauer. So blieb es bis weit in die 60er Jahre, in denen fern von den Geburtswiegen eines Daimler, Hildebrandt und Wolfmüller längst das erste Brummen der heraufziehenden Motorradrenaissance zu vernehmen war – in Japan.

Von den Engländern braucht man gar nicht zu reden, denn in einem Land, das noch heute Sportautos mit der Technik von vorgestern in kostspieliger Handarbeit zusammensetzt, bloß weil es damals so schön war, galt ein Motorradfahrer alle Zeit mindestens ebenso viel wie ein geschniegelter Rolls-Chauffeur. Die Untertanen der Königin brauchen immer ein wenig länger, bis sie sich vom Althergebrachten lösen, und haben sie das endlich geschafft, hat sich der Rest der Welt vielleicht schon wieder anders besonnen und betreibt die alten Zeiten als Modegag und Nostalgie. So war es auch dieses Mal, und keineswegs ein Zufall, daß der Funke ausgerechnet ins modebewußte Frankreich übersprang: Pariser Playboys tauchten als erste in großer Zahl im Verkehrsgewühl an der Seine, meist auf Kawasakis, Hondas oder Yamahas, auf. Dann kamen Kaffeefahrten ins schöne Hinterland in Mode, und die Teilnehmerzahlen kletterten. Die Bekleidungsindustrie zog mit und setzte kleine Blonde auf fetten Hondas und steckte zierliche Brünette auf dickleibigen BMWs im Fransendreß und in bunte Kunststoffkombis.

Das alles vollzog sich, während in der Bundesrepublik nur noch eine eiserne Gilde in alten Kradmänteln zu Wochenendfahrten im Zelt auszogen. Am Lagerfeuer erzählte »Klacks«, der Altbarde unter den Überkommenen, von den guten alten Zeiten, die inzwischen vielleicht nicht schlechter, aber eben – Seufzer – anders geworden waren. Verächtlich schielte der Motorradfahrer-Rentner-Stammtisch auf leichtgeschürzte Mädchen als Sozias knackiger Harley-Driver oder auf diese komische Sitte, auf chromstrotzenden Langgabel-Vehikeln gemütlich durch das sonnige Kalifornien zu ziehen. Als eine Fachzeitschrift bei einem Test eine fotogene Zweiradfreundin im leichten Blüschen und ohne Handschuhe in den Sattel setzte, griff der Altvater-Traditionalisten-Verein empört zur Feder und klagte besorgt, das junge Ding würde sich so leichtgeshürzt eine Lungenentzündung holen und bei einem Sturz die bloßen Hände aufschrammen – schrecklich.

Die Sturzhelm-Hersteller können ein Lied davon singen, daß ihre modernen Kreationen entweder in Exportkisten wanderten oder als Ladenhüter innerhalb deutscher Grenzen verstaubten, während die ältesten Töpfe, unter dem Gesichtspunkt moderner Mode durch unwahrscheinliche Ähnlichkeit mit Omas Nachthaube gekennzeichnet, wie warme Semmeln weggingen. Wer alte Jahrgänge der Zeitschrift »Das Motorrad« studiert, wird feststellen, daß hier ein Hohelied auf Techniken gesungen wird, die BMW im Jahr soundsoviel erfunden, NSU dann und dann verwendet hat.

Daß unterdessen alle neuen Impulse nicht von ihnen ausgingen, sondern im Ausland geboren wurden, das freilich schien unbemerkt. Den ersten Motorroller der Welt baute zwar schon nach dem Ersten Weltkrieg die Weltfirma Krupp. Aber richtig populär machten ihn erst die Italiener – so sehr, daß sogar die Allerweltsfirma NSU um eine Lizenz anstehen mußte. In Neckarsulm hatte man zwar die ersten Motorfahrräder gebaut. Aber die schweren Zeiten durchgehalten hatten die schwachbrüstigen Billig-Vehikel in der französischen Provinz – so prächtig, daß sie in Massen über der Rhein importiert wurden, bevor auch bundesdeutsche Hersteller den Trend ausmachten. Es gibt keinen einzigen deutschen Motorradfilm, kein deutschsprachiges Buch mit Bestseller-Auflage über Sattel-Abenteuer. Alles stammt von Übersee oder der europäischen Nachbarschaft. Am Motorrad kehrte sich die deutsche Seele um: entweder gründlich wie zur Zeit der Pioniere, oder gar nicht.

Die Schwersten

„Elephantitis" heißt heute der Trend zu immer stärkeren Motorrädern. Zweckmäßig ist diese Entwicklung nicht, denn es sind jene, die eine Fünf-Zentner-Maschine fahren können, zwangsläufig immer in der Minderzahl. Aber der Reiz der Kraft, der Geschwindigkeit, der Zylinderreihen, ist übermächtig und führt ein Stück zurück in die Motorrad-Historie, als es noch Drei-Liter-Maschinen gab.

Als größtes Motorrad der Welt verzeichnet Guinness' Rekordbuch eine Vierzylinder-Henderson mit 1301 cm³ Hubraum, gebaut in den Jahren 1926 bis 1929. Tatsächlich dürften jene Maschinen aus der Jeffersen Avenue in Detroit zu den größten Maschinen gehört haben, die jemals gebaut wurden. Einsame Spitze waren sie allerdings nicht. Außerdem ging es den Hendersons nicht um Leistung oder eimergroßen Hubraum. Vielmehr führte eine schon damals etwas ausgefallene Überlegung zur Konstruktion der Riesenmaschine: Da man fürchtete, die Soziusfahrerin könne während der rasanten Fahrt nach hinten von der Maschine fallen, bekam sie ihren Platz einfach vor dem Fahrer, ähnlich der bei Radfahrern üblichen Methode, einen Passagier auf die Lenkstange eines Herrenrades zu plazieren.

»Fragen Sie ihre Frau, wie sie Motorradfahren möchte«, schrieb Henderson damals in Anzeigentexten, »und fordern Sie unseren Prospekt an. Dort werden Sie alles über die ruhige, vibrationsfreie, starke und nett laufende Henderson erfahren«.

Einigermaßen seltsam muß das Vehikel allerdings ausgesehen haben, denn der Motor mit vier Zylindern in Reihe stand einsam auf einer Basisplatte, die gleichzeitig als Trittbrett diente, und der Lenker mit seinen parallel zum Rahmen ausgerichteten Griffen gab der Big Henderson viel Ähnlichkeit mit heutigen Schrittmacher-Maschinen.

Ganz nebenbei dürften die Guinnes-Redakteure ihre Recherchen nicht allzu gründlich angestellt haben, denn in Wahrheit wurde die Henderson ihrem historischen Goliath-Anspruch nicht gerecht. Zwar ist bis heute ungeklärt, ob Hubraum, Dimensionen oder Leistung als Maßstab für Motorradgröße zu gelten haben, doch in jedem Fall gab es schon größere, schwergewichtigere, stärkere und Hubraum-voluminösere Konstruktionen.

Da wurden zum Beispiel schon 1904 und damit rund zwei Jahrzehnte vor der Henderson-Ära in Frankreich imponierend schnelle Motorradrennen auf Dreiliter-Maschinen durchgeführt. Eine davon war die »Alcyon« des späteren Flugzeugmotoren-Konstrukteurs Anzani – er stellte im Pariser Prinzenpark mit 86 km/h den damaligen Geschwindigkeitsweltrekord auf und baute auch die Rekordmaschine des Jahres 1923. Selbst das erste in Serie von Hildebrand und Wolfmüller zwischen 1894 und 1897 in München gebaute Motorrad kam auf den imponierenden Hubraum von 1488 cm^3 – mithin erheblich mehr als die gelobte Henderson. Rund tausend Exemplare wurden von diesem Ur-Motorrad gebaut, dessen liegender Viertakt-Zweizylindermotor etwa 2,5 PS bei 240 U/min abgab. Das Hinterrad wirkte als Schwungrad, und die Pleuel der beiden parallelen Zylinder wirkten direkt auf Kurbeln an der Hinterachse, wobei Gummibänder als Rückholmechanismus der Pleuel dienten.

Vergleicht man schließlich die Ausmaße der Beifahrer-Henderson, dann stolpern Motorrad-Fans zwangsläufig über die tschechische »Böhmerland«, die von dem Zweirad-Historiker Erwin Tragatsch zu Recht als »eine der unorthodoxesten je in Serie gebauten Maschinen« bezeich-

net wird. Sie beschied sich nicht nur mit einem Soziusplatz, sondern hatte derer gleich zwei. Die Böhmerland dürfte damit das einzige dreisitzige Zweirad der Geschichte gewesen sein. Gebaut wurde sie in mehreren Ausführungen – auch ein- und zweisitzig – nahezu unverändert zwischen 1925 und 1939, wobei die Langversion durch zwei Kraftstofftanks beiderseits des Hinterrades sowie den Gepäckbehälter hinter dem Schutzblech auffiel. Über die etwa 200 Kg schweren Maschinen mit den damals ungewöhnlichen Gußrädern aus Leichtmetall und dem 25 PS starken 598 cm^3-Einzylinder meint Tragatsch wohlwollend: »Dank ihrer robusten Konstruktion und ihrer tiefen Schwerpunktlage waren sie besonders für Seitenwagenantrieb gut geeignet und im übrigen sehr zuverläßig«. Sollten Gerüchte zutreffen, dann kurven noch heute einige überlebende Veteranen durch die tschechische Landschaft. Jedenfalls dürfte es die dreisitzige Böhmerland im Vergleich zur US-Henderson auf ein erhebliches Plus an Länge gebracht haben.

Wenn man schließlich berücksichtigt, daß Motorräder der zwanziger Jahre nur selten mehr als 50 Pferdestärken in Trab brachten, dann fällt die Henderson gegen Friedel Münchs »Mammut« in den Ausguß der Geschichte. Zwar kann die »Münch« für sich in Anspruch nehmen, daß sie erst rund ein halbes Jahrhundert später das Licht der Motorradwelt erblickte. Doch so abenteuerlich der Henderson-Einfall anmutet, ein »Front-Sozius-Motorrad« zu bauen, so ungewöhnlich ist auch die Geschichte der Firma und des Mannes Münch. Von dem Superlativ »stärkstes Serienmotorrad« abgesehen, kennzeichnen die Entwicklung dieser Super-Maschine nämlich keineswegs Glanz und Größe, sondern vielmehr eine Verkettung von Eskalation downstairs. Allein drei Beinahe-Pleiten, eine verbogene »Münch«-Werbung, ein verschrobenes Image als Möchtegern-Maschine und letztlich Friedel Münchs eigene Bastelleistung ließen den Büffel aus dem hessischen Altenstadt wiederholt in gefährliche Schräglage gehen.

Den Anfang machte Kraftfahrzeugmeister

Rekordliste der Größten

PS		ccm		kg	
105	Honda CBX			330	Van Veen OCR
104	Münch TTS-E	1278	Münch TTS-E	325	Harley FLH 1200
100	Van Veen OCR	1207	Harley FX 1200, FXE 1200, FLH 1200		
		1188	Münch 4-TTS		
95	MV Agusta 900 S, Yamaha XS 1100	1101	Yamaha XS 1100		
		1047	Honda CBX		
		1015	Kawasaki Z 1000/Z 1-R		
90	Kawasaki Z 1-R, Suzuki GS 1000				
88	Münch 4 TTS	1000	Harley XLCH 1000, XLH 1000		
		999	Honda GL 1000		
		996	Van Veen OCR, Suzuki GS 1000 (997 cm)		
85	Kawasaki Z 1000	980	Laverda 1000, BMW R 100 S, RS u. 7	295	Münch 4 TTS u. TTS-E
82	Honda GL 1000, MV Agusta 800 S	949	Moto Guzzi 1000	290	Honda GL 1000
				285	Yamaha XS 1100
				268	Honda CBX
80	MV Agusta 750 S	898	BMW R 90/6 u. 90 S	264	Moto Guzzi 1000, Kawasaki Z 1000/Z 1-R
		893	MV Agusta 900 S	260	Suzuki GS 1000
78	Laverda 1000			245	Harley FX 1200, FXE 1200
		864	Ducati 900 SS u. 860 GT		
				240	Laverda 1000, MV Agusta 750 S, Moto Guzzi 850 T 3, Harley XLCH 1000, Honda 750 Four
		844	Moto Guzzi 850 T 3		
72	Ducati 900 SS	828	Norton Commando Interstate	235	Moto Guzzi 750 S 3
71	Moto Guzzi 1000				
70	BMW R 100 RS	800	MV Agusta 800 S	230	BMW R 100 RS, Ducati 860 GT, Suzuku GT 750, Laverda 750 SF 3, Yamaha XS 750, Triumpf Electric 750, MV Agusta 800 S, 900 S
68	Ducati 750 SS			225	Harley FX 1200
67	BMW R 90 S, Harley XLH 1000 u. XLCH 1000				
66	Harley FLH 1200, FX 1200, FXE 1200			220	BMW R 100 S u. 90 S, Benelli 750 SEI, Harley XLH 1000
65	BMW R 100 S, Ducati 860 GT				
64	Triumpf Electric 750			215	BMW R 100/7 u. 90/6 u. 75/7
63	Honda 750 Four, Suzuki GT 750, Benelli 750 SEI	748	Ducati 750 SS, Benelli 750 SEI, Yamaha XS 750		
60	BMW R 100/7, R 90/6, Yamaha XS 750	745	BMW R 75/7, Kawasaki Z 750	211	Norton Commando Interstate
59	Moto Guzzi 850 T 3	744	Laverda 750 SF 3		
		743	MV Agusta 750 S		
54	Moto Guzzi 750 S 3			206	Ducati 900 SS
53	Triumpf Tiger				
		740	Triumpf 750 Electric		
		738	Suzuki GT 750	200	Ducati 750 SS
51	Norton Commando Interstate	736	Honda 750 Four		
50	Kawasaki Z 750, BMW R 75/7, Laverda 750 SF 3	734	Moto Guzzi 750 S 3		
				180	Kawasaki Z 750
		725	Triumpf Tiger	175	Triumpf Tiger

Münch, damals 37 Jahre alt, in der ehemals väterlichen Werkstatt des Dorfes Niederflorstedt. Dort fuhr Ende 1964 ein Kunde vor und erklärte: »Friedel, komm mal mit raus, ich habe den neuen 1000er TT von NSU«. Heute erinnert sich Münch an diesen Augenblick: »Als der Mann die Haube von seinem Auto aufgemacht hatte, da war mir klar, der muß es sein und kein anderer!« Münch reparierte zwar Autos, aber seine Träume galten einer eigenen Motorradkonstruktion und mit dem Reihen-Vierzylinder des NSU 1000 TT glaubte er, das passende Triebwerk ausgemacht zu haben. Zur Tauffeier am 27. Februar 1966 versammelten sich 300 Schaulustige vor Münchs Bastelschuppen: »Als das Ding zum ersten Mal lief, hatte ich, ehrlich gesagt, Tränen in den Augen«.

Was da zum ersten Mal lief, unterschied sich freilich erheblich von der heutigen Konstruktion. Die Ur-Münch erreichte ihr höchstes Drehmoment von 8,2 mkg bei gerade 2 500 U/min, die 55 PS standen bei 5 800 U/min zur Verfügung. Zum Vergleich: Inzwischen liefern die 1287 cm^3 ein maximales Drehmoment von 10,3 mkg bei 6 500 U/min und 104 PS bei 7 500 U/min.

Der Do-it-yourselfer montierte anfangs das Triebwerk in einen verstärkten Horex-Rahmen, was ihm allerdings bald »nicht mehr exklusiv genug« war. Er entwickelte seinen eigenen Rahmen – vorn Doppelschleifenrohr, hinten Elektrongußteil mit Raum für zwei Batterien, Elektrik und Ablagefach. Immer heftiger wurde der kleine Mann (1,68 m) mit der gutmütigen Physiognomie vom Zweirad-Ehrgeiz geschüttelt, immer höher kletterte der Hubraum: Von ursprünglich 1000 cm^3 über 1085, dann 1177 auf 1188 cm^3. Umständliche Handarbeit und kletternde Stückkosten hievten unterdessen den Preis auf imposantes Niveau – von 16 000 auf knapp 20 000 Mark, dann 21 000 und für das jüngste TTS-E-Modell auf mehr als 25 000 Mark.

Dabei ließ es Münch nicht an exotischer Technik fehlen. Den Scheinwerfer holte er sich von Magirus, wo er an Lastwagen montiert wurde, Rücklicht und Zündschloß der TTS-E stammen von einem Traktor, die Kupplung von einer Werkzeugmaschine. Es gibt Leute, die ernsthaft behaupten, man solle Münch in einen Käfig sperren, aus dem er seine technischen Einfälle säuberlich auf Papier notiert herausreichen könne, nur an ein Motorrad heranlassen, das dürfe man ihn um Gottes Willen nicht.

Die Kupplung signalisierte dann auch erste Schwierigkeiten mit der geballten Motorkraft. »Wenn Sie mit einer Münch losfahren wollen, dann nur unter unglaublichem Lärm und Gekreische, weil Sie die Kupplung schleifen lassen oder im Schleichtempo anfahren müssen«, klagte Münch-Experte Helmut Bredl. »Auf der Kupplung lastet ein Kraftmoment von 15 mkp, und das ist ungeheuer viel – viel zu viel für die Sechs-Scheiben-Trockenkupplung. Aus Gesprächen mit Münch-Fahrern erfährt man, daß es ihnen ähnlich geht, aber es heißt dann: »Was macht das schon, wenn eine 250er Honda auf den ersten 50 Metern davonfährt, die holst du ja dann ohnehin wieder ein«. Auch Wassereinbrüche in die Elektrik zählten zu den anfänglichen Kinderkrankheiten. Und schließlich mußten unkontrollierbare Schlingerbewegungen durch eine Rahmenverlängerung um fünf Zentimeter beseitigt werden.

Was blieb, war die geballte Kraft. »Wer keine Erfahrung mit Motorrädern hat, sollte einen Katapult-Start vermeiden. Die Story, daß eine Münch auf eine rabiate Beschleunigung mit einem Überschlag reagiert, ist nicht erfunden«, notierte ein Profi-Fahrer. Und im Fachblatt

---

Eine der kleinsten Motorrad-Firmen der Welt baute eine der schwersten Maschinen der Welt, die Münch „Mammuth" (rechte Seite, oben). „Erfunden" hat sie 1964 der hessische KFZ-Meister Friedel Münch (rechts), indem er den Automotor des NSU 1000 TT in einen modifizierten Horex-Rahmen einbaute. Münch gilt als ein geballtes Bündel von Einfällen. Aber das Niveau in Münchs Werkstatt (rechts außen) kam über Handarbeit nie hinaus, die „Münch" wurde immer teurer und blieb deshalb eine Ausnahme-Erscheinung auf den Straßen.

»Motorrad« war nachzulesen: »Da der Motor keine großen Schwungmassen hat, dreht er beim Gasgeben urplötzlich hoch, und beim Gaswegnehmen bremst er augenblicklich. Der Fahrer hängt richtig am Drehgriff. Das ist nichts für einen Motorrad-Anfänger. Er muß lernen, jeden Kilometerstein mit dem Drehgriff zu zählen«.

»Wir versuchten, das Ding noch schneller hochzubringen. Aber es ging nicht«, erinnert sich Münch. »Die Maschine stieg wie ein Pferd. Das Hinterrad brach zusammen. Maschine und Fahrer überschlugen sich rückwärts«. Der Nimbus des Unheimlichen entstand. »Verkaufe Münch – wegen Angst« annoncierte einer. Und auch Münch-Verkaufschef Tobian attestierte: »Die Leute haben Angst vor dem Ding«. Kein Wunder, denn im vierten Gang bei 8 000 U/min zitterte die Tachonadel stramm um die 240 km/h-Marke. Dem Kunden drohte die Luft wegzubleiben.

Münch jedenfalls blieb sie schon bald weg. Er hatte sich finanziell übernommen. Retter in der Not war 1965 der Motorrad-Journalist Ernst Leverkus, der Münch telefonisch ankündigte: »Friedel, ich habe da einen Amerikaner an der Hand, der interessiert sich für dein Motorrad«. Heute gesteht Münch: »Ich war total aus dem Häuschen. Wir räumten die Werkstatt auf, und dann waren die Herren auch schon da«. Die Herren – das war vor allem der US-Zeitschriftenverleger Floyd Clymer mit einem typisch überseeischen Hang zum Gigantischen. Kein Zufall, daß die dicke Oma aller Motorräder, die Harley-Davidson Electra-Glide, ausgerechnet aus Amerika kommt. »It's nice, I never saw such a bike in my whole life«, grinste Clymer und stieg bei Münch ein. Der arbeitete fortan Tag und Nacht. »In eineinhalb Jahren haben wir 70 Maschinen gebaut«. So viel wie nie zuvor, denn rechnet man alles zusammen, dann hat Münchs Serienproduktion bis heute noch nicht das halbe Tausend voll gemacht.

Der spendable Clymer erlebte nicht einmal das mehr, denn er starb vorher. »Kein Interesse mehr an weiterer Motorradproduktion« telegrafierte die Clymer-Witwe lakonisch. Wieder hatte Münch jedoch Glück, und wieder sprang ein Amerikaner für den Amerikaner in die finanzielle Bresche. Der hieß James Bell, war von Beruf Playboy und hatte von seinem Vater drei Millionen Mark geerbt. Rund zwei Millionen Mark ließ er sich das Männer-Spielzeug kosten. Münch ging mit diesem Geld dorthin, wo Pferde auf der Koppel weiden und Bäume mit überhängenden Kronen die Straßen säumen. Vier Kilometer weiter, im idyllischen Altenstadt unweit von Frankfurt, entstand Münchs neue Heimat. Doch dann hatte auch dieser Amerikaner kein Geld und keine Lust mehr. Und abermals lief Münch den richtigen Leuten, dieses Mal den Managern des Verpackungs-Konzerns Hassia, über den Weg. Doch die Branchenfremden hatten sich verschätzt und Münch sich abermals übernommen. Münch: »Die Firma Hassia glaubte, sich durch die Motorradproduktion gesund stoßen zu können. Sie hat aber einen entscheidenden Fehler gemacht, indem sie glaubte, hier eine riesige Produktion aufziehen zu können. Es wurde von Stückzahlen von 30 Maschinen pro Monat gesprochen. Und das ging natürlich in die Hose«. Eine schiefe Werbung hatte überdies die falschen Kunden angelockt. »Im Umkreis von 200 Kilometern gibt es immer eine Münch-Werkstatt. Für Sie eine Stunde Fahrzeit oder weniger«, hieß es in Anzeigen. »Schön wär's«, fluchten Münch-Eigner. Die sagenhaften Münch-Filialen existierten in Wahrheit nur in Altenstadt und die 1 000 Kilometer bis zum vorgeschriebenen ersten Kundendienst einer neuen Münch reichten den Meisten gerade für die Heimfahrt und den Rückweg. Wer eine Münch kaufen wollte, mußte dafür Urlaub buchen. Nebenbei geriet die Münch zum Accessoir derer, die sich für echte Männer halten. Vor allem in der Ära des Playboy James Bell strömten die Playboys zur Münch. Gunther Sachs ließ sich eine von Münch-Angestellten nach Saint Tropez karren. Sein Bruder Ernst Wilhelm orderte eine per Telegramm.

»Die übernehmen sich alle«, kommentierte der Münch-Vater solche Respektlosigkeit. Tatsächlich ging Wilhelm Sachs zu Boden. Ein Arzt, er hatte zuvor nach eigener Auskunft nie mehr als einen Fahrschulroller gefahren, kam gerade zwei Kilometer weit. Ein Gewerbeschulrat stand drei Stunden nach seiner telefonischen Vorwarnung mit gebündeltem Kaufgeld vor Münch. Drei Tage später bot er den Motorradriesen achselzuckend wieder feil: »Sie ist mir zu schwer, sie fällt mir laufend um«.

»Sehr bedauerlich«, fand der Frankfurter Käsegroßhändler Heinz Henke, selbst langjähriger Münch-Fahrer und -Enthusiast, diese Entwicklung. Er rundete das Quartett derer ab, die für das größte Serienmotorrad der Welt mehr Geld ausgeben, als sie daran verdienen. Weil er ohnehin gerade im Begriff war, aus mehreren Konkursbetrieben eine Metallverarbeitungsfirma zusammenzubasteln, übernahm er 1973 die Münch-Produktion gleich mit. Henke geht zwar der Ruf als cleverer Geschäftsmann voraus, doch an den hemdsärmeligen Do-it-yourself-Methoden seines Angestellten Friedel Münch drohte auch er zu scheitern. Schon selbst mit der bescheidenen Vorstellung angetreten, die Produktionsrate wenigstens auf ein Existenzminimum zu hieven, blieb im jahrelang nicht mehr, als das verkaufsbremsende Nobel-Image abzubauen. Tatsächlich hatte Henke wenigstens in diesem Punkt Glück, denn der Markt arbeitete für ihn. Der Motorradabsatz boomte, es liefen fast ebenso starke und noch schnellere Maschinen auf den Straßen. Jüngere Untersuchungen förderten denn auch zu Tage, daß vor allem mittlere und untere Einkommensschichten ihr sauer verdientes Geld für den Superkauf auf den Ladentisch blätterten. Laut einem Gerücht soll ein Münch-Fahrer seine Münch sogar im Wohnzimmer neonbeleuchtet überwintert haben.

Doch Henkes Bemühungen um Normalisierung stand kein geringerer als Friedel Münch im Wege. Da gab es beispielsweise einen Herrn Gustav Beckmann, 70 Jahre alt, in der Münch-Werkstatt. Seine Aufgabe: die Herstellung von Münch-Tanks, handgehämmert wohlgemerkt. Kosten: etwa 600 bis 1 200 Mark. Henke schätzt die Selbstkosten einer Münch auf mindestens

26 500 Mark. Grob geschätzt arbeiten die fünf mit dem Bau des Super-Motorrads befaßten »Münchianer« volle vier Wochen an jedem Exemplar. Entsprechend sieht auch bislang die Bilanz der Münch-Herstellung aus: 1966/67 verließen 70 Maschinen die Werkstatt, im ersten Halbjahr 1972 waren es 39, 1975 insgesamt 27 und seither dürfte dieser »Rekord« ungebrochen sein.

»Ich will dieses Motorrad an echte Motorradfahrer verkaufen«, begründet Henke inzwischen solche Bescheidenheit. Doch nach seinem Einstieg in die Bastel-Crew dürften sich ihm erst einmal die Haare gesträubt haben. Denn Meister Münch war wieder einmal vom Bastelfieber befallen: In der Nacht zum 1. Januar 1973, normale Leute feierten und ließen Sektkorken knallen, suchte Frau Münch ihren Mann. Sie entdeckte ihn freudestrahlend in der Werkstatt: »Er läuft, der Einspritzer läuft«. Der Meister hatte dem NSU-Automotor durch eine Kugelfischer-Einspritzanlage zu 104 PS aus 1300 cm^3 verholfen. »Wie bei Ferrari wurden die Einstellarbeiten der TTS-E nicht von irgendeiner Maschinen-Elektronik übernommen, die Hand, das Gehör, das Gespür des Meisters waren es, die den vier Zylindern zum Leben verhalfen«, beobachtete Helmut Bredl während eines Besuchs in Altenstadt: »Dann öffnete sich knarrend das blaue Fabriktor, und ein kleiner, untersetzter Mann stieg auf ein neues, riesiges Motorrad, ein Funkeln der Genugtuung in den Augen«.

Finanzier Henke indessen trübte dieselbe Szene den Blick. Niemand sprach offen darüber, aber Eingeweihte wußten nur zu gut, daß sich Meister und Boß immer häufiger in den Haaren lagen. Sie balgten sich um die Entscheidung zwischen zeitgemäßen Fabrikations- und ambitionierten Bastelmethoden. »Ich habe selten einen Menschen gesehen, der mit so viel Zärtlichkeit und Ausdauer eine Idee zu verwirklichen suchte«, kommentierte ein alter Bekannter des hessischen Tüftlers dessen tiefgründigsten Charakterzug. Auch Henke zögerte angesichts solcher Ausnahme-Manie eine eigentlich längst fällige Entscheidung immer wieder hinaus. Den

Die „Münch" – geballte Kraft aus 1188 ccm

Ein Ur-Motorrad – Harley-Davidson FLH 1200

Hondas „Gold Wing", schwer und doch handlich

Viel Hubraum, viel Gewicht: Kawasaki Z 1000

Jahrelang Kawasaki-Spitze: die 900 Super 4

MV Agusta's 900 S: viele Pferde!

Ducati 860 GTS, im Schatten der Schwester

Guzzi 850: unromantische Feinmechanik

fé-Racer" heißt die Harley XL 1000

Nobel-Karosse der Bierkrugklasse: BMW R 100 RS

o Guzzi V 1000 I Convert – kerniger Moto-Adel

Hat inzwischen eine 1,2 L-Schwester: Laverda 1000

ati 900 SS: schlichte Linie

Sie treten mit zwei, drei, vier oder auch sechs Zylindern auf, ohne daraus allerdings Standesunterschiede abzuleiten: Die Motorrad-Klasse der „großen Eimer". Hier finden sich die stärksten, schnellsten, großvolumigsten und teuersten Serienmaschinen. Sie repräsentieren die große Welt auf zwei Rädern. Dabei zieht die „Elephantitis" immer weitere Kreise. Honda präsentierte eine Sechszylinder, Yamaha seine 1100, Suzuki und Kawasaki neue „Tausender" und, besonders ambitioniert, der Niederländer Hendrik Van Veen, baut seine Wankel-OCR 1000 mit dem Styling eines Traum-Motorrades.

ton's „Commando": Überlebende aus England

inneren Ruck verpaßte ihm ein äußerer Anlaß, behaupten Gerüchte: Münch habe seinen Brötchengeber mit ausgeschlagenem Ritzel zur Testfahrt starten lassen, was bekanntlich bei abspringender und reißender Kette wenn schon nicht Schaden für Henkes Bein, dann doch für die Maschine bedeutete. Der große Krach lag in der Luft. Und er fand statt. Als sich die Staubwolke wieder gelegt hatte, bezog Münch sein Monatseinkommen vom Arbeitsamt. Die »Ära Münch« war beendet, obgleich der Alte von Altenstadt verkündete, er wolle ein »neues Motorrad bauen, mit einem wassergekühlten Automotor. Hubraum über 1000 cm³«.

Die Idee mit dem Automotor macht Münch freilich keineswegs zum Fortschrittstürmer. Alljährlich versammeln sich bekanntlich lederverkleidete Motorrad-Fans am winterlichen Nürburgring. »Elefantitis« heißt in der Branche das Zweirad-Festival, das besonders viele Automotoren in die Eifel lockt. Über 16 000 Maschinen waren es 1973, meist sittsame Hondas und BMWs, aber auch einige exotische Zwitter aus Zwei- und Vierradkultur. Da gab es zum Beispiel eine »Total-VW«, angetrieben von einem 1600er Volkswagen-Motor und sogar auf breiten Original-Felgen für Wolfsburg rollend. Auch der alte 700 cm³-Automotor von BMW kam zu überraschenden Motoradehren.

»Mein lieber Herr Gesangverein«, wunderte sich damals ein altgedienter, deutlich rheumageplagter Chronist, »wenn uns das einer 1956 vorausgesagt hätte, als wir noch arme 30 Männecken mit unseren KS-Gespannen waren«. Und einen anderen befielen historische Ahnungen angesichts des Denkmals bei Kaub, wo anno 1813/14 General Blücher den Rhein überschritten hatte: »Wieder eine Armee in Bewegung, Motorradfahrer zum Nürburgring«. Wie sich diese Armee nach dem Wunsch eines Mijnheer van Handel fortzubewegen habe, demonstrierte der 1975 auf der Amsterdamer Motorrad-Show mit dem 845 cm³-Motor einer Renault-Dauphine im Rahmen einer BSA, dem Hinterrad einer Norton und dem Vorderrad einer Laverda.

Wo immer es um motorradtechnischen Hang zur

Was dem Motorrad im Vergleich zum Auto fehlt, nämlich die Karosserie, macht sein Image aus. Motorrad-Fans legen viel Geld an – für den Verzicht auf einen beheizten Innenraum, Kofferraum, auf Komfort und Schutz. Motorräder sind ein Produkt irrationaler Technik-Begeisterung. Allein schon deshalb sind die Trendrichtungen nicht das Ergebnis von Konsumgewohnheiten oder Gebrauchsdefinition. Deutlich ist indes der Industrietrend, durch ein dicht gestaffeltes Modellangebot möglichst lückenlos Kaufwünsche abzudecken. Honda etwa bietet zwischen 250 und 550 cm³ insgesamt sechs, Hercules zwischen 50 und 125 ccm gar acht verschiedene Modelle. Eine angesehene Motorradzeitschrift sprach in diesem Zusammenhang von einer »Bankerotterklärung derer, die die Zeichen der Zeit nicht erkannt haben«. Gleichwohl: der Trend bleibt.

Positiv ausgedrückt, hat der Kunde damit nicht nur die Qual, sondern auch die Freiheit der Wahl. Negativ gesehen, deutet sich damit eine zunehmende »Zielunsicherheit« vornehmlich bei den Japanern an. Solange der Markt boomt, schlägt dieser Mangel nicht durch. Und weiter? Wird daraus ein Markt der Zukunft? Die Marksteine des Imagewandels sind passiert, der Standesunterschied zwischen Motorrad- und Autofahrern ist bereits aufgehoben. Motorräder zählen schon zum »gehobenen Bedarf«.

Wohin
geht der Trend?

Gehobene Ansprüche richten sich aber zwangsläufig auf Details, die Technik. Und hier pendelt die Herstellerfront zwischen Komfort und Sportlichkeit, zwischen Leistung und Standfestigkeit. Überleben wird jedoch nicht der Kompromiß, sondern nur eines von beiden. Unter dem Trommelfeuer zweiradfremder Publikationen, angesichts der Kritik von Umweltschützern und Sicherheits-Apologeten, sind mehr Komfort und Lebensdauer zu erwarten. Bei den Großen wird der Kardanantrieb dominieren, Automatik-Getriebe werden an Bedeutung gewinnen, der Zweitakter dürfte an Abgasbestimmungen und einer verbreiteten Unlust zu seiner Rettung scheitern, der Wankelmotor wird rotieren. Leiser werden Motorräder angesichts schärferer Lärmschutzbestimmungen, und alles in allem werden sie erheblich an Hubraumleistung einbüßen. Dafür sorgen allein schon die steil kletternden Versicherungsprämien.

Darüber hinaus dürfte sich der Spaß am Freizeitvehikel Motorrad vom puren Technik-Spaß zunehmend zur Augenfreude an schönen Formen wandeln. Es werden Maschinen auftauchen, die es nur ein dutzendmal gibt. Beispielsweise unter einem Oldtimer-Kleid eine 748-cm^3-Windhoff von 1928 mit BMW-Motor, vielleicht. Karosserieschneider werden die Zweiräder entdecken und zum Beispiel mit einem kostspieligen »Bugatti-Motorrad«, made by hand, debütieren.

Das Ding wird auffallen, Schlagzeilen und Spaß machen und damit seinen Zweck erfüllen, ein Jet-Set-Trend. Kabinen-Motorräder werden auftauchen, nicht wie ein spätes Goggo, sondern als Erfüllung von Marktwünschen. Komfort heißt ein Trend. Nicht die in präziser Herstellung teuren und meist zu schweren Gußräder werden überleben, auch nicht die Speichen, viel mehr wird das moderne Rad leer sein, die Felge direkt von der Gabel umfaßt und geführt. Technische Vereinfachung ist ein anderer Trend.

Und schließlich bleiben die Motorradführerscheine nicht ungeschoren. Dafür spricht allein schon die Unfallstatistik. In der Kategorie »Abkommen von der Fahrbahn« beispielsweise sind Fahrer, die ihren Führerschein weniger als drei Jahre besitzen, zu über 50 Prozent, die Gruppe der 18- bis 22jährigen zu über einem Drittel vertreten. Fast ein Viertel fuhr ohne Mitwirkung eines anderen in den Tod, bei den Schwerverletzten war fast jeder zweite allein verantworlich. Diese Bilanz lastet schwer auf jugendlichen Fahrern. Der Trend weht ihnen scharf ins Gesicht.

Dazu gehört auch die derzeitige Entwicklung zu immer hubraumstärkeren Maschinen, von der allerdings die meisten Experten behaupten, sie wäre nur vorübergehend. Und tatsächlich besteht technisch keine Notwendigkeit für diese Richtung.

Größe ging, schlug die Bastelmentalität eines Friedel Münch ungehemmt zu. In einer Zeit, da Weltraumraketen nach Sekundenplänen montiert und Autos laut Nutzenanalyse von Fließbandstrategen gefertigt werden, muten derartige Ausflüge ins Freiland der Ideenmacher clownesk an. Allzu oft schlägt dabei das schallende Lachen der Zuschauer die Erkenntnis tot, daß auch gestandene Motorradmarken meist unter ganz ähnlichen Wehenschmerzen geboren wurden. Daß Männer wie Friedel Münch oder Mijnheer van Handel zwar Relikte der industriellen Gründerzeit in einer Landschaft der rauchenden Schlote und computergesteuerten Fertigungsstraßen sind, sie sich aber gleichzeitig vorzüglich als Beispiele für ein Studium technischer Phantasie eignen. Ihr philantropisches Image ist nur eine vordergründige Kulisse, die technische Leistung die Hauptsache.

Das gilt auch für die vier Kellerkinder, die sich 1901 ihre Scheibe an der eben voll eingesetzten Motorisierung abschneiden wollten. Kellerkinder waren sie deshalb, weil ihre Werkstatt in einem Keller von Milwaukee lag, und sie hießen Bill Harley und Arthur Davidson, sowie die beiden Davidson-Brüder Walter und William. Man wollte genauso Motorräder bauen wie rund 70 andere US-Firmen damals auch. Das war nicht einmal so schwierig, denn das Rahmenprinzip stammte vom Fahrrad, an die Lebensdauer der Motoren wurden vergleichsweise bescheidene Ansprüche gestellt. Bescheiden war mit 3 PS auch die Leistung der ersten Harley-Davidson, von der 1904 immerhin acht, 1906 schon 50 Exemplare nicht nur gebaut, sondern auch verkauft wurden.

Die Kellerwerkstatt war längst zu klein geworden. Man bezog ein kleines Holzhaus mit einem großen Schild an der Türe: »Harley-Davidson Motor Company«. Sieben Tage in der Woche wurde gearbeitet, täglich bis 22 Uhr. Ein knappes Dutzend Leute beschäftigte die Firma, und jeder mußte alles können – Konstruieren, Buchhaltung führen, Schweißen, Montieren . . . Nur Walter Davidson behielt sich bis weit in die dreißiger Jahre das Privileg vor, jedes neue

Modell erst einmal persönlich zu testen.

Diese Modell-Entwicklung visierte sehr schnell ein noch heute für die Marke Harley-Davidson kennzeichnendes Ziel an: Schwere, ungewöhnlich komfortable Maschinen. War die erste Harley noch ein Einzylinder mit 410 cm^3 und Riemenantrieb, »Silent Grey Fellow« genannt, kam das nächste Modell schon auf 575 cm^3 und wurde 14 Jahre lang gebaut. 1909 gab es die erste Maschine mit zwei V-Zylindern und 1 000 cm^3, 1936 entstand die mit 1 312 cm^3 »größte« Serien-Harley, die es je gab. Von 1932 bis 1955 wurde mit nur unwesentlichen Veränderungen die »45er« mit 738 cm^3 gebaut – die wohl längste Lebensgeschichte eines Motorrades. Deutlichstes Merkmal für den Hang zu Büffel-Dimensionen war der Spitzname für jene 500er von 1930: »Baby-Harley«. Ein Baby mit 500 cm^3 Hubraum! Auch optisch kennzeichneten sämtliche Produkte aus Milwaukee eine typisch niedrige Sattelposition und breite Felgen mit dicken Pneus. Die Reifengröße der »Electra-Glide«, mit 1 207 cm^3 derzeit das Motorrad mit Top-Hubraum, würde auch einem Kleinlaster gut stehen. Das Eigengewicht von über einer Dritteltonne bestätigt die Schwerkraft mit Nachdruck. Auf Wunsch erhalten Käufer einen Rückwärtsgang eingebaut. Kurven passiert sie senkrecht wie eine Hauswand, Beschleunigung schafft sie mit dem Sitzgefühl eines Friseurstuhles. Erst 1967 entschloß man sich zum Einbau eines elektrischen Anlassers, weil es selbst die Traditionalisten bei Harley nicht mehr mit ansehen konnten, wie eine außerordentlich markentreue Kundenschar gleich dem Filmaffen King-Kong auf den Kickstarter wuchtete.

Die Firma Harley-Davidson konnte sich – von ihrem Hubraum-Anspruch abgesehen – loben, Ungewöhnliches für die Sitzfleischkultur des Motorradfahrers geleistet zu haben. Die Vorderradgabel erhielt nicht weniger als acht Schraubenfedern verpaßt, der riesige Pfannensattel dämpft durch eine riesige, 47 cm lange Schraubenfeder im diagonalen Rahmenrohr jede Schotterstraße. Allein die beiden Hubscheiben beiderseits der Pleuel scheinen manchem Ex-

38

emplaren so viel Unruhe zu bescheren, daß es schwierig wird, die Beine ohne Stabilisierungsgymnastik auf den Trittbrettern zu halten. Die Frage »Motorrad – ja oder nein?« beantwortet das anerkannte französische Fachblatt ›Moto-Revue‹ mit einem standfesten: »Dicke Reifen, riesiger Motor, zum Teufel mit der Leichtigkeit, Bequemlichkeit ist König!« Die manchmal etwas pedantische deutsche Konkurrenz-Zeitschrift »Das Motorrad« beklagte zwar ein »Fahrgefühl auf einer Art Puddingunterlage« und rümpfte die Nase über die ungewöhnlichen Eisenmassen: »Wer bei einer Reifenpanne keinen Wagenheber hat, der ist aufgeschmissen wie in der Wüste Sahara.« Doch insgesamt erhielt Harleys Riesenbaby das Prädikat »Ein Stück Kunsthandwerk« und den Fahreindruck eines »Easy rider mit Straßenkreuzercharakteristik« bestätigt. Die Herren Harley und Davidson spielen ebenso eine Qutsider-Rolle in der Zweiradentwicklung wie Friedel Münch. Anders ließe sich der ausgefallene Hang zu den superlativen Giganten kaum erklären. Münch griff ins volle Autoleben, um seinem Monster kraftstrotzendes Leben einzuhauchen, Harley und Davidson zum Cadillac-Stil der amerikanischen Gangsterjahre. Von der »Harley« geht die Fama, daß mancher Motorrad-Klau eine unangenehme Überraschung erlebt habe, als er sich ausgerechnet an dem »Auto auf zwei Rädern« vergriff: Der Nummernschildträger enthält eine Quecksilber-Alarmanlage, die ein Quäken auslöst, wenn die Schräglage der auf einer Seitenstütze abgestellten Maschine verändert wird. Während des Waldspaziergangs kann man gar ein Kästchen einstöpseln, das den Akustik-Alarm via Funk meldet.

Derart Outlaw-Einfälle riechen nach Basteleifer. Aber gleichzeitig profitieren die großen Maschinen am allgemeinen Markttrend der späten siebziger Jahre. Aus sämtlichen japanischen Zweirad-Schmieden rollen fette Tausender: Bei Spitzenreiter Honda die »Gold Wing«. Ein 500-cm³-Modell mit der Wing-Technik und auffallender optischer Verwandtschaft zur BMW 100 RS befand sich im Frühjahr 1977 in Vorbereitung.

Die »Wing« ist Hondas eigenwilliger Versuch, der zornigen Zweiradjugend als bislang bester Kundschaft mit zunehmendem Alter den Status einspuriger Herrenfahrer schmackhaft zu machen. Mit der Gold Wing möchte der Welt derzeit größter Motorradhersteller diesen Sprung zum Hoflieferanten der Arrivierten schaffen, denn nicht ohne Hintergedanken wählten die Japaner für das 82 PS starke Vierzylinder-Triebwerk den Boxer als sanfteste aller herkömmlichen Bauarten. Daß dieser Grund »Laufruhe« heißt, wird durch die zwar thermisch notwendige, sich aber auch in einer gepflegten Motorcharakteristik auswirkende Wasserkühlung deutlich. Und da es schließlich selbst den kleinen gelben Männchen als unzumutbar erschien, sich die Finger beim Kettenspannen zu beschmutzen, taten sie ein übriges und wählten für den Antrieb zum Hinterrad den vornehmen Kardan.

Ebenfalls im Frühjahr 1977 befaßte sich Suzuki mit dem Start einer 1000-cm³-Vierzylindermaschine, bei Yamaha lief die Markteinführung der kardangetriebenen XS 1100, einem augenfälligen Gegenstück zum Honda-Flaggschiff, an. Kawasaki hat die Z 1000 im Programm. Alle zusammen vereinigen diese Marken einen Anteil am bundesdeutschen Verkauf von rund 70 Prozent auf sich. Aus Italien reihen sich die Ein-Liter-Typen von Laverda und Moto Guzzi in den Top-Reigen ein. Nicht einmal BMW mochte zurückstehen und schob die 100er Serie auf den Markt, obgleich es beispielsweise der seit Jahren auf die weiß-blauen Brummer eingeschworenen Motorrad-Truppe der französischen Gendarmerie verboten ist, die voluminösen Boxer schneller als mit 120 km/h zu bewegen. Nur die einstmals berühmte britische Motorrad-Branche hielt Distanz zum hubraumstarken Zeittrend und bezahlte diese und andere Versäumnisse mit dem Verlust von 50 Prozent der über 3 000 Arbeitsplätze.

Kein einziger der zweirädrigen Giganten bringt weniger als 70 Pferde in Bewegung, allein die Guzzi bescheidet sich mit 61. Alle schaffen knapp 200 km/h Spitze, was einen Fachmann zu der Frage veranlaßte: »Es werden leistungs-

fähigere, schwerere Maschinen hergestellt. Die-se Maschinen verfügen zwar über imponierende Beschleunigungzeiten und Höchstgeschwin-digkeiten. Wo kann und vor allem wo darf man aber diese Geschwindigkeiten überhaupt noch fahren?« Nahezu folgerichtig hob sich deshalb in Japan bereits ein warnender Finger. Für den Inlandmarkt wurde der Hubraum auf 750 cm³ limitiert.

Freilich hieße es die Motorradindustrie überfor-dern, wollte man von ihr eine Schrittmacherrolle in Richtung praxisorientierterer Konstruktion verlangen. Denn soviel ist sicher: Die schweren Töpfe vermitteln subjektive Alarmstimmung un-bändiger Kraft, den totalen Reiz, harte Technik zu reiten, doch handlich sind sie nicht. Nur einmal ist es in der Geschichte der Verkehrsve-hikel der Kundschaft gelungen, den Firmen-bossen eine Entwicklung aufzuzwingen, die in den Orderbüchern nicht programmiert war: Die

Ausdruck bester Kraft und standfester Technik waren die Weltkrieg-II-Sides von BMW (linke Seite) und Zündapp (ganz oben). Wie kaum andere Motorräder wurden sie fast zur Motorrad-Legende an allen Fronten. Beide mit angetriebenem Seitenwagen (oben links), die Zündapp mit einem, die BMW sogar mit zwei Rückwärtsgängen und sechs Vorwärtsgängen, waren sie 96 km/h schnell. Sie konnten aber auch so langsam „schleichen", daß es Soldaten möglich war, in ihrer Deckung gegen

feindlichen Beschuß nebenher zu kriechen.
120 000 Kilometer ohne jeden Service waren keine Seltenheit. Man konnte VW-Reifen verwenden und beim Benzin genügten bereits 74 Octan. Die BMW R 75 drehte 1000 Touren höher als die KS 750 von Zündapp, doch beide sprangen noch bei minus 36 Grad Celsius problemlos an. Geheimnis des Erfolgs war aber vor allem das Prinzip des Seitenwagenantriebs, wie es die Skizze rechts zeigt.

Die Schwersten von Zündapp

»1921 fing es an« verkündet eine Druckschrift, die sich im Zündapp-Archiv findet. In diesem motorradgeschichtlichen Jahr wurde die erste Zündapp, das »Motorrad für jedermann« mit 211 cm³ und 2,25 PS vorgestellt. Ein Dutzend Jahre später war es wieder so weit: Zündapp präsentierte mit der vierzylindrigen K 800 das stärkste Modell der Firmengeschichte. Das Fachblatt »Motorrad« wurde 1935 von Leserbriefen mit der Frage bombardiert »Warum prüft Ihr nicht die interessanteste Maschine, die über unsere Straßen rollt?« Und der Test kam zu dem Ergebnis: »Die Leistung ist weder in der Spitze noch bei niedriger Drehzahl höher als bei einem gleichgroßen Einzylinder, und die von vielen Seiten beschworene bessere Beschleunigung ist ein Hörfehler, aber die Beschleunigung ist ruckfrei wie bei einem Elektromotor, so seidenweich setzt der Vierzylinder ein.« Auf 123 km/h wurde die »große« Zündapp gestoppt, der Verbrauch lag bei 6 l/100 km. Weitere technische Merkmale: Seitengesteuerter, gegenläufiger Viertakt-Blockmotor mit abnehmbaren Leichtmetall-Zylinderköpfen, 66 mm Hub, 62 mm Bohrung, 791 cm³ Hubraum, Verdichtung 1: 5,8, 22 PS bei 4 300 U/min., Umlaufschmierung. Das Viergang-Getriebe verfügte über eine Klauenschaltung und im Ölbad laufende Duplex-Ketten. Außerdem: Kardanantrieb, Rahmen aus Preßstahl, die Gabel – ebenfalls aus Preßstahl – mit Öldruck-Stoßdämpfern, nachstellbare Innenbackenbremsen, beide Räder mit Steckachse, Stahlseil-Ballonreifen auf Tiefbettfelgen, 3,50 x 19, Tankinhalt 12

Liter, Radstand 104,5 cm, Gewicht ca. 180 kg. Nicht einig war man sich auch damals schon über die Vorzüge von Kardan- und Kettenantrieb, wenngleich Tester die Kombination aus beiden hoch lobten: »Die Weichheit der Übertragung wird hier einmal duch den Motor selbst, dann durch die federnde Kardanwelle sichergestellt, und sie dürfte selbst einem guten Kettentrieb zumindest gleichwertig, wenn nicht überlegen sein.« Die Reifen dürften damals noch ein fragwürdiges Innenleben besessen haben, denn »bei 95 km/h auf dick mit Schneematsch bedeckter Straße« – berichtet der Chronist – »fängt das Hinterrad urplötzlich an zu poltern: Ich hatte einen Reifendurchschlag, der das augenblickliche Ablassen der Luft zur Folge hatte.« Für Zündapp war damit der Drang nach höheren Motorradleistungen noch keineswegs beendet. Schon 1937/38 wurde an einer Weltrekordmaschine mit vier Zylindern, 1000 cm³ und zwei Königswellen gearbeitet, die bei einer Spitze um 300 km/h den absoluten Geschwindigkeitsweltrekord angreifen sollte. Ein Roots-Gebläse blies dem Boxer die dafür notwendige Kraft ein – über die Leistung liegen keine Angaben mehr vor, denn der Kriegsausbruch verhinderte das »Unternehmen Rekordfahrt«. Erst im Mai 1965 wurden mit einer vollverkleideten 50-cm³-Maschine auf der Piste von Monza sechs Weltrekorde überboten, darunter die Langstreckenrekorde über sechs und zwölf Stunden Dauerfahrt. Die Spitze lag bei 162,6 km/h. Doch in der Klasse der großen Eimer blieb Zündapp der Erfolg versagt.

Forderung nach mehr Sicherheit in und am Auto. Motorradfahrer haben indes viel Ähnlichkeit mit einem, der ein Leben lang sein Mittagessen an einem Baumast hängend, den Kopf nach unten zu sich nimmt, weil das eben seiner Meinung nach immer so war. Erfährt er die aufregende Neuigkeit, daß es auch bequeme Stühle und Tische gibt, ist die Antwort nur ein Schulterzucken. Deshalb sehen Motorräder noch heute so aus wie vor dreißig, vierzig Jahren, und aus gleichem Grund findet auch die dicke Harley noch immer ihren Markt. Ausgerechnet die Entwicklungsgeschichte der »Großen« liefert eine handfeste Erklärung für den Trend zu PS-Eitelkeit und kontra Handlichkeit: Weil das schon immer so war.

Vor allem zwischen Anfang der zwanziger und Ende der dreißiger Jahre entdeckten immer mehr Motorrad-Konstrukteure den Reiz der eimergroßen Hubräume. Die englische Einbaumotorenfirma JAP leistete dabei kräftige Geburtshilfe. Ihre zwei Zylinder in V-Stellung, obengesteuert und mit 996 cm³, knatterten ab 1925 in den Karlsruher »S.H.«-Maschinen, ein Jahr später in der Berliner »R.S.«. 1927 folgte die »Bayernland« und die »Neander«, 1928 zogen Triumph und Wecoob, ab 1930 Tornax und 1934 auch noch Bücker und Favorit nach. Über genausoviel Hubraum und ebenfalls zwei Zylinder verfügte der Schweizer MAG-Einbaumotor, den die Fahrzeugfabrik Willy Ostner in Dresden für ihr erstes deutsches Beiwagenmotorrad mit Rückwärtsgang, Marke »O.D.« (für »Ostner, Dresden«), verwendete. Auch Imperia in Köln arbeitete mit MAG-Motoren – unter anderem mit einer 848-cm³-Konstruktion des englischen Weltrekordfahrers Le Vack. Bei Horex lief eine »Tausender«-Rennmaschine, Zündapp bereitete in dieser Klasse den Angriff auf den Geschwindigkeitsweltrekord vor.

Die interessantesten Ein-Liter-Maschinen wurden allerdings bei Windhoff und Grote in Berlin gebaut. Grote ließ sich eine Art Baukasten-Motor einfallen: Basis war ein Zweitakter mit Kurbelgehäusevorverdichtung und 614 cm³ Hubraum. Magerte man diesen Motor um einen Zylinder ab, blieb die Grote-Einzylinder mit 307 cm³ übrig, und packte man einen dritten Zylinder dazu, wurde ein 921-cm³-Zweitakter mit 80 mm Hub, Dreiganggetriebe in interessantem »Doppel-Wiegerahmen« daraus. Historiker Tragatsch schwärmt noch heute: »Einen in Fahrzeuglängsrichtung eingebauten luftgekühlten Mehrzylinder-Motor, noch dazu einen Zweitakter mit so großem Hubvolumen pro Zylinder, würde man auch heute ohne Gebläse nicht bauen können.« Der nächste Schritt, nämlich zum Vierzylinder-Motor, fiel in Deutschland allzeit überraschend schwer. Die erste Konstruktion stellte zwar schon 1903 Dürkopp mit einem luftgekühlten Reihen-Vierzylinder auf die Räder. Im gleichen Jahr folgte die Darmstädter Firma Hess mit einem ähnlichen Motor. Doch während F.N. in Belgien, vor allem aber Henderson, Cleveland, Indian, Arrow oder Champion in den USA diese Motorentradition weiter pflegten, folgte in deutschen Grenzen erst einmal eine lange Pause. Zündapp raffte sich 1933/35 noch zu einem Vierzylinder-Boxer mit 791 cm³ auf, bei NSU folgte 1951 eine Rennmaschine mit Königswellenmotor, 498 cm³ und vier Zylindern in Reihe. Doch davon abgesehen trug sich nur noch ein Name in die Annalen der Super-Maschine ein: Windhoff. Vor allem Bruder Hans der Berliner Windhoff-Gebrüder, damals Inhaber der größten deutschen Autokühlerfabrik, war es zu verdanken, daß die ölgekühlten Vierzylinder mit 748 cm³ und Kardanantrieb gebaut wurden. Drei Jahre später, 1930 und schon unter dem Eindruck der Weltwirtschaftskrise, brachte Hans Windhoff diese Erfahrungen in die Konstruktion einer noch hubraumstärkeren Maschine ein. Zwei quergestellte Zylinder, 996 cm³, luftgekühlt und 26 PS bei 4 000 U/min lauteten die technischen Werte der damals als »große BMW« apostrophierten Konstruktion. Sei es, weil der Kundschaft einfach das Geld fehlte oder wegen der keineswegs bescheidenen Ansprüche an die Fahrermuskeln – der 1000er Windhoff blieb der Erfolg versagt. Sie markierte ein Stück heile Motorradwelt ähnlich der »Münch« oder der großen Harley-Davidson.

Die Schnellsten

Als der BMW-Fahrer Ernst Henne Ende der Dreißiger Jahre auf seiner Rekordmaschine (rechts) startete, fehlten Motorrädern alle Attribute der Bequemlichkeit. Da halfen nur eisenharte Fäuste und der übermächtige Wille zum Überleben. Doch auch heute werden Geschwindigkeitsrekord auf Motorrädern noch an der Grenze zwischen Ehrgeiz und Selbstmord gefahren – und so wird es bleiben.

Es war die sogenannte »gute, alte Zeit«. Die Menschen lebten vielleicht nicht zufriedener, aber bescheidener. Bei NSU saßen während den Mittagspausen 786 Beschäftigte auf den Hofbänken – das »Speise- und Gesellschaftshaus«, damals eine Sensation, wurde erst 1923 eingerichtet – und stärkten sich mit Backsteinkäse für die nächste Schicht. Der Wochenlohn eines Arbeiters betrug kaum 25 Mark, eine Semmel kostete zwei Pfennig. Erst seit drei Jahren bauten diese Arbeiter Motorräder – und schon strömte das Publikum zu den Rennveranstaltungen.

Der Große Preis von Europa fand am 25. September 1904 statt, wenn er auch damals noch nicht so hieß. »Coupe Internationale« hatte man den Straßenrundkurs im französischen Departement Seine-et-Oise getauft. Jedes teilnehmende Land konnte eine Dreiermannschaft nominieren: Frankreich, England, Österreich, Dänemark und Deutschland. Die Ehre des Deutschen Kaiserreichs vertraten »Progress« aus Berlin mit zwei Maschinen und »Brennabor« aus Brandenburg mit einer. NSU mußte verzichten. Man hatte den Anmeldetermin verpaßt.

Fünf Runden mit insgesamt 280 Kilometer waren zu durchfahren. Siegpreis: ein 1000-Francs-Pokal. Aber die Schlacht wurde bitter, denn fast alle Teilnehmer waren mehr mit Reifenflicken denn Fahren beschäftigt. Das keineswegs neu-

trale Publikum streute den ausländischen Konkurrenten pfundweise Nägel vor die Räder, um die Landsleute siegreich ins Ziel zu bringen. Die Deutschen und Engländer mußten sogar aufgeben, als ihnen Reservereifen und Flickzeug ausgingen. Aber die französischen Zuschauer erreichten ihre Absicht, denn schließlich konnten sie ihren Landsmann Demester auf einer »Griffon« als Sieger feiern. Er hatte den durchaus beachtlichen Schnitt von 72 km in der Stunde geschafft.

Der Rekord hielt allerdings gerade vier Wochen. Dann kletterte ein Mann anläßlich des Wettbewerbs für Dreiliter-Motorräder im Pariser Prinzenpark auf eine »Alcyon«, den sein ganzes Leben lang schnelle Maschinen faszinierten: Der spätere Flugmotorenbauer Anzani holte sich hier nicht nur mit 86 km/h den Rekord, von ihm stammten auch sämtliche technischen Grundlagen für die Rekordmaschine des Jahres 1923. Doch erst einmal verlor Anzani noch selbst im Spätherbst dieses Jahres 1904 seinen damals offiziell nicht existierenden Titel als schnellster Mann auf zwei Rädern. Der Franzose mit dem englischen Namen Lamberjack ging nämlich beim Kilometerrennen in Dourdan mit einer Zweiliter-»Peugeot« an den Start und kam auf 123 km/h.

Diese »Peugeot« muß für damalige Verhältnisse ein Wunder-Motorrad gewesen sein, denn als

sie der Italiener Lanfranchi wenige Tage darauf beim französischen Gaillon-Rennen bis zu zehnprozentige Steigungen hochjagte, mochten die Funktionäre ihren Augen nicht trauen: 121,6 km/h sollte Lanfranchis Schnitt betragen haben – zu viel, um damals glaubhaft zu sein.

Ehrlich oder nicht, jedenfalls ließ die Rekordjagd jenseits des Rheins die Motorradbauer in Nekkarsulm nicht mehr ruhig schlafen. Also montierten sie eine Zweizylinder-NSU mit 7,5 PS und Flachriemenantrieb und verkauften sie dem »verrückten« Amerikaner Lingenfelder. Dieser Mann galt als verrückt, weil er sich in den Kopf gesetzt hatte, mit einem Motorrad schneller als jemals ein Mensch zuvor zu fahren. Und tatsächlich umrundete Lingenfelder 1909 die Rennbahn von Los Angeles mit 124 km/h. Das war nicht nur Weltrekord, sondern gleichzeitig der Anfang jener bis heute endlosen Liste der schnellsten Männer auf zwei Rädern.

Freilich brachten die 124 km/h auch 1909 das Publikum nicht zum Staunen, denn die Vierrad-Konkurrenz war bereits viel schneller. Im gleichen Jahr wie Lingenfelder fuhr der Franzose Héméry über eine englische Meile (=1,609 km) auf einem Benz-Wagen 202,6 km/h schnell. Im Jahr des »Coupe Internationale« – 1904 – kamen Autos bereits auf 168 km/h, Motorräder waren dagegen nicht einmal halb so schnell.

Außerdem existierten noch keinerlei Regeln, die verschiedenen Bauweisen, Hubräume und Gewichtsklassen wenigstens in etwa auf einen gemeinsamen Nenner zu bringen. Da trat die 1904 vorgestellte erste Vierzylinder der belgischen Waffenfabrik F.N. gegen die Zweizylinder von Peugeot ebenso an, wie Dreiliter-Maschinen mit 1500 cm³-Motorrädern im gleichen Rennen um die Wette fuhren. Rekorde kamen, wenn überhaupt, nur beiläufig während eines Rennens zu Stande. Und da war man meist schon froh, wenn die Maschinen bis ins Ziel durchhielten.

* * *

So ist es kaum erstaunlich, wenn bis heute keine endgültige Klarheit darüber besteht, wann eigentlich die »Geschichtsschreibung« der absoluten Motorradrekorde wirklich anfing. Laut dem bekannten Motorrad-Experten Helmut Krackowizer wird sie »seit 1909 geführt«, also seit Lingenfelders NSU-Rekord. Im offiziellen Katalog des »Deutschen Zweirad-Museums« in Nekkarsulm meint dagegen Peter Schneider: »Die ›amtliche Liste‹ der Weltrekorde beginnt mit dem 14. April 1920, als der Amerikaner E. Walker seine 1 000-cm³-Indian-Maschine über die englische Brooklands-Bahn steuerte und 167 km/h erreichte.« Abgesehen davon, daß Walker seinen Rekord nicht in England, sondern im amerikanischen Daytona sowie mit nur 165,6 km/h aufstellte, ist vermutlich beides richtig. Eine Rekordliste gibt es bereits seit Lingenfelder, eine amtliche dagegen erst seit Gründung der »American Motorcycle Association« sowie der weltweit vertretenen »Fédération Internationale Motocycliste (FIM)«, denn mit Weltrekorden ist es wie mit dem Sterben: Tot ist man schon vorher, doch als Toter anerkannt wird man erst, wenn der amtliche Totenschein vorliegt und damit der bürokratische Segen erteilt ist.

Jenseits der Tatsache, daß die Liste seit Walkers Pioniertat bis heute mehr als zwanzigmal ergänzt werden mußte, begann mit der Gründung der Motorsportverbände nämlich die babylonische Sprachverwirrung. Da wurde zum Beispiel 1956 der Deutsche Wilhelm Herz mit 339 km/h als schnellster Mann auf zwei Rädern gefeiert. Doch über dieselbe Rekordpiste, den legendären Salzsee im US-Bundesstaat Utah, donnerte wenige Wochen später ein zigarrenförmiges Motorrad-Vehikel mit über 342 km/h. Der Ex-Pilot Stormy Maugham hatte ein 4,67 m langes und 60 cm schlankes Projektil um einen Triumph-Thunderbird-Motor mit 650 cm³ herum gebaut. Am Steuer saß der Amerikaner Johnny Allen. Doch Allen scheiterte ebenso an den Rekord-Bürokraten wie sein Kollege Herz. Der Allen-Rekord wurde nämlich unter AMA-Obhut gefahren und deshalb nicht von der FIM anerkannt. Die Amerikaner revanchierten sich wie-

Das Rekordauto, das eigentlich ein Motorrad war

Das »Ding« war ein Düsenflugzeug auf Rädern. Offiziell gehörte Craig Breedloves »Spirit of America« zu den »Cycle Cars«, den zwei- oder dreirädrigen Spezialfahrzeugen, und war deshalb mit Motorrädern näher verwandt als mit Autos. Angefangen hat es 1959 mit Breedloves Entschluß, eine Rekordmaschine zu bauen. Mit einem Oldsmobile-Dragster hatte er bereits 376 km/h erreicht, aber jetzt wollte er die absolute Spitze . Und dazu sollte ihm ein ausgedientes Düsentriebwerk vom Typ J-47 General Electric verhelfen, wie es im B-47-Bomber oder dem F-86 D-Jäger verwendet wird. Vier Jahre lang arbeitete Breedlove wie ein Besessener: Ein lenkbares Rad vorn mit Federbein, eine halbstarre Achse hinten, Goodyear-Scheibenräder mit 99 cm Durchmesser und schlauchlosen Reifen, 10,6 Meter Gesamtlänge, das sollte der »Spirit« werden.

So war es auch kein Zufall, daß mit Walter Sheehan einer der Starfighter-Konstrukteure die Stromlinienform der Alu-Verkleidung im Windkanal entwicäkelte. Sogar Breedloves Ehefrau Lee wurde eingespannt und polierte 80 Stunden lang die Außenhaut auf Hochglanz. Doch erste Fahrversuche ergaben im Sommer 1963, daß sich der halbe Starfighter bei hohen Geschwindigkeiten nicht mehr steuern ließ. Schon bei 75 Prozent der Höchstdrehzahl kam der »Spirit« auf 450, bei 80 Prozent auf über 560 km/h.

Breedlove wollte die absolute Spitze. Dabei war er keineswegs der optimistische young boy. Vielmehr bedrückten ihn Todesahnungen, als er am 15. Oktober 1964 ins Cockpit des »Spirit« kletterte. Bei etwa 880 km/h versagt die Lenkung, die Leine des ausgelösten Bremsfallschirms reißt sofort. Auch der Notfallschirm wirbelt davon. Die Scheibenbremsen glühen augenblicklich auf, und das Bremspedal fällt wirkungslos auf das Bodenblech. Aussteigen wäre purer Selbstmord. Der »Spirit« erreicht das Ende der Salzsee-Piste, passiert eine Reihe Lichtmasten, schrammt mit der Verkleidung an einem Mast der zweiten Reihe vorbei und fegt dann über eine Böschung in eine sechs Meter tiefe Mulde. Breedlove kann gerade noch rechtzeitig das Kabinendach und die Gurte lösen. Er strampelt sich frei und schwimmt ans Ufer, während der »Spirit« aufdampfend in der Salzlauge versinkt. Aber es hat geklappt: 868,85 km/h über eine fliegende Meile registrierten die Meßgeräte – absoluter Weltrekord.

Eine der ersten Weltrekordfahrten mit einem Motorrad fand 1909 auf der Rennbahn von Los
Angeles mit einer NSU-Maschine statt. Der Amerikaner Lingenfelder hatte das Motorrad in Neckarsulm gekauft und holte aus den 7,5 PS der zwei
Zylinder, Antrieb durch Flachriemen zum Hinterrad, erstaunliche 123 km/h heraus. Seither gilt er
als erster Motorrad-WR-Fahrer.

derum, indem sie den Herz'schen FIM-Rekord nicht in ihre Hit-Liste aufnahmen. Noch heute lautet die Gretchenfrage für jeden Motorrad-Weltrekordaspiranten, welchen Rekord er denn eigentlich angreifen möchte. Denn genauso wie in den USA zwei Box-Verbände darüber bestimmen, wer gerade als wirklicher Weltmeister zu gelten hat und der Champion sogar allein deshalb einen Titelkampf mit dem Konkurrenten der anderen Bürokraten-Organisation zu bestehen hat, so wachen auch die beiden Rekordverwaltungen eifersüchtig über ihre hausgebackenen Schützlinge.

In Europa, und wohl auch in den meisten anderen Staaten der Erde, ist die FIM-Liste das Evangelium der Rekordfahrer. Aber diese Liste ist keineswegs eine Angelegenheit, die von den schnellen Männern unter sich ausgehandelt wird. Noch 1957 gab es über 900 Möglichkeiten, einen Motorradweltrekord aufzustellen: Rekorde über Kilometer- und Meilen-Distanzen, über 1, 5, 10, 100, 500, 1 000, 2 000, 3 000, 4 000, und 5 000 Kilometer, dann für eine Dauer von 12, 24, 48 Stunden. . . Es gibt Rekorde für Solo-Maschinen, zwei- und dreispurige Gespanne, außerdem Kategorien für zwei- und dreispurige Spezialfahrzeuge. Das Tohuwabohu wurde schließlich durch die Zusatzregel total, daß Rekorde einer Klasse auch für alle nächsthöheren gelten, wenn sie diese übertreffen. Als der Deutsche Kunz 1965 beispielsweise auf einer 50-cm³-Kreidler über einen Kilometer mit fliegendem Start seinen Weltrekord mit 209,777 km/h aufstellte, war er schneller als der Italiener Pasolini mit einer 75-cm³-Aermacchi (167,439 km/h) in derselben Kategorie und wäre damit eigentlich Top-Mann für beide Hubraum-Klassen gewesen. Doch 1965 schaffte die FIM diese Bestimmung ab. Und heute noch können Motorrad-Weltrekorde auf 276 verschiedene Arten gefahren werden. Sogar der seit Oktober 1964 wirklich schnellste Mann auf einer Motorrad-Konstruktion, der Amerikaner Craig Breedlove mit seinem düsengetriebenen und 848,651 km/h schnellen »Spirit of America«, wird in der FIM-Liste eigentlich nur gezwungenermaßen geführt:

Der Internationale Automobilverband berücksichtigt nur Weltrekorde, die auf vier Rädern erstellt werden, weshalb Breedlove nach den Vorstellungen der Geschwindigkeits-Bürokraten eigentlich gar keinen Rekord aufgestellt hat und nur aus einer Art skurrilem Mitleid in der FIM-Liste für dreirädrige Spezialfahrzeuge ein Plätzchen erobern durfte.

* * *

In den Kindertagen des Motorrades waren die schnellsten Vehikel noch Maschinen, die kaum anders aussahen als andere Renn-Motorräder auch. Helmut Krackowizer vermutet deshalb, daß ein Weltrekordversuch in den zwanziger Jahren mehr ein sportliches Vergnügen als ein

hartes Geschäft war. Damit stellt sich zwangsläufig die Frage nach dem Wert eines Motorrad-Weltrekords, ohne freilich die Leistung des einen oder anderen Fahrers schmälern zu wollen: Ed Walker kam 1920 als welterster Motorradfahrer über die 150 km/h-Marke – ohne jede Stromlinien-Verkleidung. Wilhelm Herz verdoppelte über dreieinhalb Jahrzehnte später diese Leistung – allerdings mit Hilfe einer total vermummten Maschine. Walker war ein Einzelgänger, Herz das wichtige Glied einer Kette aus Reifentechnikern, Aerodynamikern und Kraftstoffexperten. Ihm stand mit der Salzsee-Piste eine ideale Rekordbahn kilometerlang zur Verfügung. Die Pioniere des Motorradrekords mußten sich mit der holprigen Brooklands-Rennbahn in England

begnügen. Der Preis für einen neuen Rekord kletterte mit jeder eingesparten Zentelsekunde. Wer Anfang der zwanziger Jahre bereit war, diesen Preis zu bezahlen, ging zur Brooklands-Rennstrecke, dem damaligen Mekka der Rekord-Fahrer.

Hier schlugen sich das Können des Fahrers und der Aufwand für die Technik, an den Stoppuhren exakt abzulesen, in Zehntelsekunden nieder – zu einer Zeit, da Privatinitiative »in« war.

Gewöhnlich wurden hier Motorradrennen gefahren. Weil aber langsam der Trend zu höheren Geschwindigkeiten auch von den Werksmanagern der Motorradhersteller als Verkaufsargument entdeckt und ausgeschlachtet wurden, begann man die Brooklands-Bahn nach Ab-

Die Weltrekordfahrten von Ernst Henne waren für BMW eine unbezahlbare Werbung. Ab 1929 verbesserte Henne den absoluten Weltrekord nicht weniger als sechsmal und erreichte am 28. November 1937 mit 279,5 km/h jene Rekordmarke, die erst 1951 durch Wilhelm Herz auf NSU abgelöst wurde. Selbst die Aerodynamik, etwa durch einen stromlinienförmigen Helm (linke Seite, oben außen) oder ein umgeschnalltes „Spitzheck" wie bei der Wiener Rekordfahrt 1931 (oben und unten), war ausgefeilt. Seine Rekordmaschine, 750 ccm Hubraum und mit dem BMW-üblichen Kardanantrieb, hatte allerdings noch Blattfederung (linke Seite, oben Mitte).

schluß der offiziellen Rennsaison einige Tage lang für Rekordfahrer zu reservieren.

Hier verbesserte denn auch der Engländer Claude Temple im November 1923 den erst zwei Monate alten Rekord seines Freundes Freddy Dixon von 170,4 auf 173,6 km/h. Beide fuhren Einliter-Maschinen, der eine eine 989 cm³-Harley, der andere eine 996 cm³-Anzani mit zwei Zylindern in V-Stellung und obenliegenden Nockenwellen. Temple war der Rekordmann der nächsten Jahre. Zwar war sein Landsmann Bert le Vack 1924 auf einer gut ausgebauten Strecke südlich von Paris mit seiner 998 cm³ Brough-Superior erst 181, dann 190,4 km/h schnell gefahren, doch dann trat 1926 Temple auf der selben Strecke mit einer Eigenbau-Konstruktion nochmals zum Rekord-Versuch an und war auf Anhieb genau 4 km/h schneller.

Im gleichen Jahr griff der erste Deutsche in die Rekordjagd ein. Die Nürnberger Motorradfirma »Victoria« hatte 1920 ihr Nachkriegsprogramm mit Einbaumotoren von BMW vorgestellt. Doch zwei Jahre später konstruierte Max Friz die weiß-blaue R 32 mit querliegendem Boxer-Motor, weshalb BMW keine Einbaumotoren mehr lieferte. Also ließ Victoria bei der Münchner Firma W. Sedlbauer einen neuen 500 cm³-Einbaumotor, einen Boxer mit Obensteuerung, bauen. Damit war der Grundstein für die Kompressor-Maschine gelegt, die im Herbst 1926 mit dem Nürnberger Adolf Brudes im Sattel bei den alljährlichen Freiburger Motorsporttagen auftauchte: Mit 165,5 km/h fuhr Brudes schneller als jeder andere Teilnehmer eines Motorradrennens zuvor. Ein absoluter Geschwindigkeitsweltrekord war es freilich nicht – den hatten die Engländer bekanntlich schon auf fast 200 km/h hochgetrieben. Trotzdem jubelte damals das Fachblatt »Motorrad-Sport«: »Brudes, der alte Routinier, fuhr ungeachtet der für Solo-Motorräder reichlich welligen und für solches Tempo leider noch sehr mangelhaften Straße mit 165 km/h Bestzeit. Ein Opfer der schlechten Straße wurde leider der noch schneller gewesene Richter auf Victoria-Kompressor, der beim zweiten Lauf trotz Gaswegnehmens beinahe aus der

Bahn getragen wurde.«

Bei dem Kompressor handelte es sich übrigens um ein Rootsgebläse, das über dem vorderen Zylinder hing und über einen gekapselten Zahnradantrieb mit dem Motor verbunden war. Weil der Kompressor sich als überaus durstig erwies und bei ersten Fahrtests das Schwimmergehäuse ständig leergelaufen war, hatte man sich einen Trick einfallen lassen: Aus dem Tank-Deckel ragte ein kleines Röhrchen mit gegen die Fahrtrichtung ausgerichteter Öffnung, weshalb der Luftdruck während der Fahrt ständig genügend Kraftstoff ins Schwimmergehäuse drückte. Schon bei ihrem nächsten Rekord konnten die deutschen Motorrad-Fans auch noch eine historische Erstfahrt für sich verbuchen. Als nämlich 1927 eine 119 cm³ Stock in 24 Stunden die Rekordstrecke von 1 084 Kilometern zurücklegte, teilte sich Peter Birnholz diese Leistung mit Hanni Köhler als erster Frau im Verein der Rekordhalter.

Doch Anfang der zwanziger Jahre tauchte ein junger Mann auf, für den Motorräder dasselbe bedeuteten wie Sportwagen für die Twens von heute.

Eine »Megola« fuhr dieser Ernst Henne damals, einen Zwitter aus Motorrad und Roller, bei dem der Motor im Vorderrad saß und dessen Fahreigenschaften ebenso berühmt wie seine Chance als Rennmaschine unbekannt waren. Solche Rennen fanden damals auf der Sandbahn von Mühldorf bei München statt. Und dorthin fuhr Henne mit seiner Megola. Eigentlich nur, um sich die Sache mal anzusehen. Als er aber die leere Piste vor sich hatte, zwickte ihn sein jugendlicher Übermut, und er meldete sich in letzter Minute für das nächste Rennen – die Meldefristen betrugen damals noch bestenfalls eine Viertelstunde. Als sich der Staub gelegt hatte und der Motorenlärm verstummt war, stand der halbstarke Henne auf dem dritten Siegertreppchen.

Ein halbes Jahrzehnt später gehörte der junge Mann bereits zu Europas erfahrensten und erfolgreichsten Motorradfahrern. Erst blieb er seiner ›Megola‹ treu, doch dann stieg er auf eine

›Astra‹ um – Münchner Fahrgestell mit englischem Einbaumotor. Zu Toni Bauhofer, damals genauso verehrtes Idol wie Max Schmeling bei den Boxern, blickte er bewundernd auf. Als er aber versuchte, sein Vorbild in einem Rennen abzuhängen, rannte er sich beinahe den Schädel ein. Dann, 1926, taucht der Name Henne erstmals in den Analen der BMW-Sieger auf, und das gleich mehrfach: Deutscher Straßenmeister der 500 cm³-Klasse, Sieger beim Karlsruher Wildparkrennen, beim Eifelrennen, auf der

Der Kampf um die Aerodynamik von Hennes Weltrekord-Maschine bestimmte monatelang die Fahrversuche. Die Maschine drohte sich ständig zu überschlagen. Dann löste sich im September 1929 einmal bei über 200 km/h das Vorderrad aus der Gabel und Henne kam nur mit Mühe an einem Baum vorbei schleudernd zum Stehen. „Sarg" taufte er seine Verkleidung, in der der Motor so laut dröhnte, daß er hinterher fast taub war.

Solitude und beim Bergrekord Freiburg. Im gleichen Jahr eröffnete er in München auch eine BMW-Vertretung.

Kein Wunder, daß der Mann mit dem Klempnerladen voller Pokale und Siegerpreise nach Möglichkeiten suchte, seinen Spaß an der Geschwindigkeit so komplett zu befriedigen, wie es überhaupt nur ging: Den Weltrekord müßte man den Engländern abjagen, schlug er der BMW-Direktion vor. Dort sagte man weder Ja noch Nein. Für Henne war das schon genug, um seine Hochzeitsreise so zu organisieren, daß er auch an jener Straße südlich von Paris vorbeikam, die von den Engländern Le Vack, Temple und Baldwin als Rekordstrecke benutzt wurde. Was er nach der Rückkehr berichtete, muß die weiß-blauen Bosse überzeugt haben, jedenfalls gaben sie für die »Aktion Weltrekord« grünes Licht.

Aber so ganz einfach war das nicht, denn getreu dem deutschen Grundsatz wollte man die Sache wenn schon, dann gründlich oder lieber gar nicht machen. Einfach so auf ein schnelles Motorrad steigen und über die Meßstrecke donnern, das kam nicht in Frage. Da war beispielsweise die Stromlinienform, von den Zeppelin-Konstrukteuren populär gemacht, aber im Motorradbau praktisch unbekannt. Mußte das so sein? Windkanalversuche für Landfahrzeuge gab es noch nicht. Also blieben nur praktische Versuche auf der Straße. BMW-Oberingenieur Schleicher ließ als erstes die Schutzbleche strömungsgünstig formen und alles von der Maschine abmontieren, was zur Gewichtsersparnis taugte. Der Lenker wurde verkürzt und tiefer herunter gezogen – später ging er als »Henne-Lenker« in die Sportgeschichte ein. Alles, was in den Fahrtwind ragte, erhielt Stromlinienform. Henne selbst meinte später: »Wer meint, zu Rekordfahrten gehöre nur eine schnelle Maschine, der irrt gewaltig. In meiner ganzen Renn- und Geländepraxis habe ich nicht soviel erlebt wie auf meinen Rekordjagden. Nirgends habe ich so eiserne Nerven und mein ganzes Fahrkönnen so gebraucht wie bei solchen Fahrten. Dabei befand ich mich auf unerforschtem Grenzland.

Im Rennen paßt man sich der Konkurrenz an. Aber der Rekord stand unweigerlich auf 208 km/h. Wer wußte damals wie sich 220 km/h und mehr fahren? Was sagt die Maschine dazu? Ob sie noch stabil bleibt? Nur die Maschine und ich konnten darauf eine Antwort geben.« Die Antwort mußte auf jeden Fall schneller als 208 km/h sein, gefahren von dem Engländer Baldwin 1928 auf der französischen Rennstraße bei Arpajon. Und Henne gab seine Antwort am 9. September 1929 mit seiner 740 cm³ BMW auf der Ingoldstädter Landstraße: 215,2 km/h – neuer Weltrekord. Weil man aber auch noch die verschiedenen Rekorde über Meilen-Distanzen verbuchen wollte, setzten die weiß-blauen Organisatoren 14 Tage später neue Fahrversuche an und bekamen bei dieser Gelegenheit noch eine weitere Antwort. Damals fuhr man noch die sogenannten Wulstreifen, die – mit einer dicken Gummischicht ausgestattet – mit mehreren Flügelschrauben auf der Felge gehalten wurden. Diese etwas komplizierte Technik sollten jetzt die neuen Drahtreifen ersetzen. Doch Henne traute der Neuheit nicht. Er ließ vielmehr den Reifendruck auf 4 atü erhöhen, um den Schlauch durch den Luftdruck sicher in die Felge zu pressen. So hart waren die Reifen, daß Henne glaubte, auf Eisenrädern zu fahren.

Aber die Verankerung der Räder in der Gabel sah damals noch genauso aus wie heute bei Fahrrädern – Schlitze im Gabelende, die Radachse mit Muttern befestigt. So kam, was kommen mußte, und in einem BMW-Hausbericht wird das Ereignis so beschrieben: »Durch die Erschütterungen löste sich beim Vorderrad die Achse aus der Halterung, und Henne scheint jede Herrschaft über das wild schleudernde Rad zu verlieren. Dann kam ein dicker Baum, und Henne begann sein 25jähriges Leben zu bedauern, das nun an diesem Baum auf der Ingolstädter Landstraße enden sollte. Mit nahezu quergestelltem Vorderrad, immer wieder Vollgas gebend, um die Maschine auf die andere Seite zu reißen, gelingt es ihm gerade noch, an dem Stamm vorbei zu kommen. Dann merkt er, daß sich die Maschine halten läßt, wenn man die

54

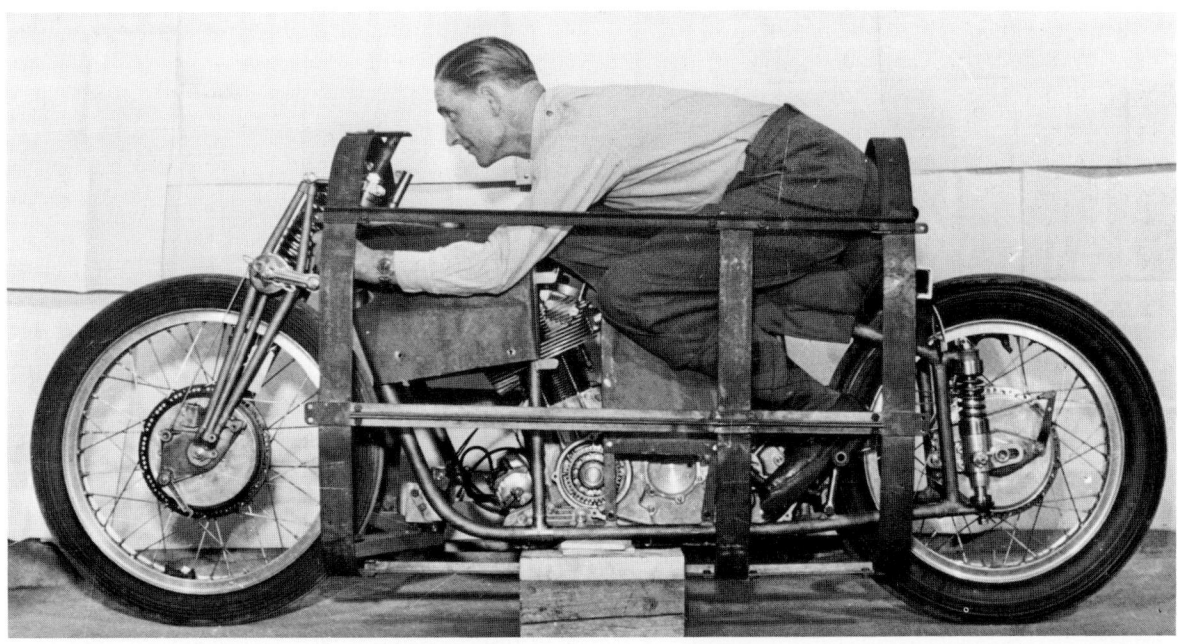

Dreiundzwanzig Verkleidungen für die Kompressor-Rekordmaschine wurden 1949 bei NSU gebaut (links), getestet (oben) und anatomisch angepaßt (ganz oben). Dann erst, mit der Verkleidung Nummer 24, startet Wilhelm Herz am 11. April 1951 auf der Autobahn zwischen München und Ingolstadt: 290 km/h – Rekord!

Nerven behält und wie eine Katze auf ihr herumturnt, um das Gleichgewicht zu behalten. Er wird ein wenig sicherer, kämpft aber weiter um sein Leben. Die restlichen zwei Kilometer, bis die Maschine zum Stehen kommt, sind endlos. Er ist völlig erledigt. Man bringt ihm ein Glas Wasser. Kreuz und quer über die Straße laufen schwarze Schleuderspuren. Der Versuch wird abgebrochen.«

Doch Henne war nicht der Mann, der sich schocken ließ, und nur wenige Stunden später absolvierte er alle Meßfahrten erfolgreich, die von den Rekord-Bürokraten als Voraussetzung für einen vollen Weltrekord vorgeschrieben waren. Der Name Henne machte internationale Schlagzeilen. Und der Fahrer Henne kühlte seinen Mut bei Schaufahrten. Beispielsweise in Schweden, wo es um den schnellsten Mann auf spiegelndem Eis ging. Der hieß am Ende ebenfalls Ernst Henne.

Rekorde sind jedoch kurzlebige Leistungen, und die Konkurrenz schlief auch nicht. Was sich deshalb im Sommer 1930 auf den Pisten diesseits und jenseits des Ärmelkanals abspielte, glich mehr einem Duell zwischen zwei verbissenen Rekordhaltern denn einer Schlacht mit der Stoppuhr:

● Am 31. August wurde der Engländer Joe Wright auf der französischen Rennstraße bei Arpajon mit 219,7 km/h neuer Weltrekordhalter;

● drei Wochen später schraubte Henne die Spitze abermals um 0,3 km/h höher;

● am 6. November stieg Wright in Irland wieder auf seine »Temple«, eine verbesserte Version der Weltrekordmaschine von 1926 mit 998 cm³-JAP-Motor, und schaffte überzeugende 240,8 km/h.

Innerhalb von drei Monaten hatte der Rekord dreimal gewechselt.

Dann wollte man es bei BMW genau wissen. Sogar Hennes Absätze erhielten Stromlinienform, der Helm einen windschlüpfrigen Fortsatz. Und tatsächlich gelang auf der Beton-Geraden

bei Budapest der große Druchbruch: 1932 wurden 243,2 km/h, zwei Jahre später 244,8 km/h gestoppt. Die BMW-Blätter rechneten 1934 genau vor, in welches »Jahrhundert der Technik« Henne vorgestoßen war: »Was braucht der Mensch zur Zurücklegung einer Strecke von 1 000 Metern?«

Der Spaziergänger 15 Minuten, der eilige Fußgänger 10 Minuten, der Weltrekordläufer 2,23 Minuten, der Weltrekord-Radfahrer 1,06 Minuten, der Touren-Motorradfahrer eine Minute – Ernst Henne 14,7 Sekunden«.

BMW hatte sich endgültig einen festen Platz in der internationalen Rekordliste erobert. Um es vorweg zu nehmen: Nicht weniger als insgesamt 206 Weltrekorde gingen im Lauf der Jahre nach München. Zwischen einem und 3 000 Kilometer, von einer bis 24 Stunden, waren alle Rekorde irgendwann einmal auch BMW-Rekorde.

In jenen Tagen hielten jedoch die sieggewohnten Briten diese einseitige Verteilung der Rekordehren keineswegs für endgültig. Immer wie-

Wilhelm Herz während seiner Weltrekordfahrt, von einer automatischen Kamera aufgenommen: „Ohne das geringste Flattern rast sie mit über 80 Meter in der Sekunde dahin", notierte ein Beobachter. Für Herz war die Super-Stromlinienform allerdings nur ein Anfang. „Ich will über die 300 km/h-Grenze kommen", meinte er anschließend. Dieses Ziel erreichte er 1956 auf dem US-Salzsee in Utah mit 338,09 km/h, wo allerdings noch im gleichen Jahr der Amerikaner Allen mit einem Spezial-Vehikel knapp 4 km/h schneller fuhr. Wilhelm Herz ist bis heute der letzte Weltrekordhalter unter den deutschen Motorradfahrern.

der war es vor allem der Alt-Rekordler Claude Temple, der mit neuen Maschinen und neuen Fahrern die Henne-Leistungen zu kippen versuchte. Zwar scheiterten diese Anstrengungen, doch an der Isar begriff man schnell, daß irgendetwas passieren mußte, wenn man die Spitzenstellung behalten wollte. Basis war die 500 cm³-Straßenrennmaschine, die R 5, die auf der Berliner Internationalen Automobil- und Motorrad-Ausstellung von den Fans so begeistert gefeiert worden war. Sie entsprach grundsätzlich der traditionellen BMW-Technik: Kardanantrieb und Boxer-Motor. Aber der Rahmen war nicht mehr aus gepreßtem Stahlblech, sondern aus gezogenem, konischem Stahlrohr. Die Vordergabel hatte eine Teleskopfederung und Öldruck-Dämpfung erhalten. Der neue Zylinderkopf besaß Haarnadel-Ventilfedern und zwei Nockenwellen. Mit Kompressor lieferte er 100 PS bei 7.000 U/min.

Waren Hennes erste Rekordmaschinen noch halbverkleidet, erhielt seine neue R 5 nun eine eiförmige Vollverkleidung mit beidseitigen Öffnungen zur Zylinderkühlung. Hennes Kopf verschwand unter einer Plexiglashaube.

Begeistert war der allerdings nicht von seinem »Sarg«, wie er die Maschine nannte. Der Rennmotor dröhnte unter der Verpackung so stark, daß er sich die Ohren mit Watte vollstopfen mußte, Die Sichthaube erlaubte nur eine so ungünstige Kopfhaltung, daß er allmählich unter Sehstörungen litt. »Bei einem inoffiziellen Versuch, den Rekord höher zu schrauben«, notierten die werksinternen »BMW-Blätter«, »torkelte er schließlich halbblind auf dem letzten Stück auf der Strecke herum, schaffte gerade noch die letzte Autobahnunterführung, brachte die Maschine zum Stehen und fiel, weil kein Helfer zur Stelle war, einfach in seinem Ei um. Er mußte liegen bleiben, bis man ihn befreite«.

Und im Oktober 1936, bei einem weiteren Versuch, notierten die Werks-Chronisten: »Die Maschine scheint führerlos, zittert, vibriert und versucht auszubrechen wie ein durchgehendes Pferd. Er dreht auf und zu, reißt die Maschine dadurch in Schlangenlinien immer wieder in die Bahn hinein, hat nur noch den Willen, dies zu überleben und endlich an das Ende der Strecke zu kommen. Dann ist er da, wieder völlig benommen, am Rande seiner Kräfte und hört, daß er 270,4 km/h geschafft hat. Wieder Weltrekord!«

Aber die Fahrt am Rande des Selbstmords zeigte die endgültigen Grenzen dieser Konstruktion. Nur die Flugzeugbauer konnten hier noch helfen. Also stellte man das Ei bei den Zeppelinbauern in Friedrichshafen in den Windkanal. Das Urteil war vernichtend: Die Strömungskräfte würden die Maschine spätestens bei 280 km/h einfach herumdrehen. Henne würde sich mit dem Hinterteil voraus umbringen. Eine neue Verkleidung wird nach den Anweisungen der Luftfahrt-Experten gebaut und im Herbst 1937 über die Frankfurter Autobahn geschickt. Aber wieder ist die Maschine labil, gehorcht den Lenkbewegungen kaum. Ein Windstoß aus einer Waldschneise bringt Henne aus dem Gleichgewicht. Er kann nur noch Gas wegnehmen.

Die BMW-Probleme mit der Stromlinienverkleidung sprachen sich schnell herum. Der Engländer Eric Fernihough vor allem zuckte nur immer wieder die Schulter und meinte: »Wenn man das Motorrad verkleidet, dann ist die ganze Haftung weg, dann kann das Ding nicht mehr in der Spur bleiben und muß zwangsläufig fliegen«. Weil aber niemand auf ihn hörte, konstruierte er eine Verkleidung nach seinen Vorstellungen um eine 998 cm³-Brough Superior, mietete ein topfebenes Straßenstück in Ungarn und verbesserte auf Anhieb Hennes Rekord von 1936 um 0,8 km/h.

Sechs Monate später meldeten erstmals die Italiener ihre Ansprüche an. »Rondine« – Schwalbe hieß die total verkleidete 492 cm³-Gilera von Piero Taruffi. Ihr auffälligstes Merkmal war eine riesige Heckflosse. Aber die Meßfahrt im Oktober 1937 auf der Autobahn zwischen Bergamo und Brescia wurde ein Erfolg: 272,8 km/h – Weltrekord.

Nun riß BMW-Direktor Schleicher der Geduldsfaden. Weg mit der ganzen Luftfahrt-Verkleidung! Wie die Italiener sucht er die Lösung bei einer langen Heckflosse mit zwei Abreißkanten.

Tagelang zischte Henne bei seinen Testfahrten auf der Autobahn München-Salzburg mit fast 280 km/h an aufgeschreckten Autofahrern vorbei. Dann ist es soweit: »Wenn Sie es früh um 4.00 Uhr versuchen, wird es voraussichtlich einige Stunden lang windstill sein, später geht es für längere Zeit nicht mehr« teilten die Wetterfrösche des Frankfurter Flughafens mit. Also ist die Henne-Crew um 4.00 Uhr früh auf der abgesperrten Frankfurter Autobahn. Er fährt los. Wieder beginnt die Maschine zu vibrieren, doch weniger als früher. Als der Rekordmann einige Augenblicke später aus seiner Verkleidung kriecht, legt ihm Direktor Schleicher die Hand auf die Schulter: 279,5 km/h – die sind gut, sehr gut. Sie sind sogar ein neuer Rekord. Aber Henne weiß bereits die Antwort: Das war meine letzte Fahrt.

Vorerst gab es auch gar keine Gelegenheit mehr für Hochgeschwindigkeits-Abenteuer, denn vorerst war Krieg. Und in dieser Zeit baute BMW keine Rekord-Vehikel, sondern vor allem so legendäre Maschinen wie die R 75 mit angetriebenem Seitenwagen, die so langsam vorwärts zuckeln konnten, daß Soldaten nebenherkriechend hinter ihr Schutz und Deckung fanden.

Übrig blieb auch von den berühmten NSU-Werken nur noch ein rauchender Trümmerhaufen. Und Männer, die entschlossen waren, anzupacken und aus dem Trümmerhaufen wieder eine Motorradfabrik zu machen. Seit 1939 war hier der Schreinersohn Wilhelm Herz Werksfahrer. In seiner väterlichen Schreinerei – wichtigstes Produkt: Särge – reinigte 1947 Herz einen Schrotthaufen vom Kriegsschutt: eine 350er-Kompressor-Maschine, über 200 km/h schnell. Diese Bereitschaft zum Zupacken wurde bei NSU zum Symbol. Zwar brach sich Herz bei einem Trainingssturz den linken Unterarm und schien nach einer falschen Behandlung für den Rest seines Lebens kein Motorrad mehr besteigen zu können. Aber als der NSU-Versuchsleiter Dr. Fröde ihn 1950 wissen ließ, man plane einen Angriff auf den absoluten Geschwindigkeitsrekord, stieg Herz in Moorbäder und stemmte mit dem kranken Arm schwere Ge-

wichte, bis er wieder fit war.

Die Neckarsulmer machten dort weiter, wo ihre Münchener Kollegen vor dem Krieg aufgehört hatten. Keine Einzelleistung, sondern Teamarbeit sollte die Rekordfahrt vorbereiten. Alles konzentrierte sich auf die bewährte Zweizylinder-500-cm^3, der ein Kompressor 110 PS einpustete. Doch mit Kraft allein war kein Weltrekord aufzustellen. Diese bittere Erfahrung hatte BMW bereits machen müssen. Der Luftdruck übertrifft bei 250 km/h selbst die Gewalt von Wirbelstürmen, die Wälder wie Streichhölzer knicken und ganze Eisenbahnzüge aus den Schienen heben. Als der Engländer Bob Berry während einer Testfahrt 1949 bei etwas mehr als 200 km/h den Kopf über die Verkleidung streckte, riß ihm der Fahrtwind sofort Sturzhelm samt Schutzbrille vom Kopf. Dreiundzwanzig Verkleidungen wurden bei NSU gebaut und wieder verschrottet. Erst Nummer 24 war die richtige.

Dann machte sich Rennleiter Germer auf die Streckensuche. Die Frankfurter Autobahn entsprach allein noch den internationalen Bestimmungen: einen Kilometer vor und hinter der Meßstrecke nicht mehr als ein Prozent Gefälle oder Steigung. Aber mit 300 km/h über die von Schlaglöchern übersäte Piste zu donnern, das wäre lebensgefährlich gewesen. Deshalb traf die Wahl die Autobahn zwischen München und Ingolstadt, das Datum den 11. und 12. April 1951.

In der Polizeischule Fürstenfeldbruck meldeten sich anstelle der für die Absperrmaßnahmen entlang der Strecke benötigten 300 Mann sämtliche 800. Pressechef Arthur Westrup berichtete später, wie ihn nächtliche Regengüsse und anschließende Böen nervten: »Zum in die Luft gehen!« Doch ab 4.00 Uhr ist das Wetter an diesem 11. April ideal, Herz startet zu einer Probefahrt, aber das elektrische Zeitmeßgerät fällt aus. Einen Tag später zur gleichen Stunde, an gleicher Stelle: Die Rekordmaschine wird ausgeladen. Messungen ergeben Windgeschwindigkeiten von weniger als zwei Meter pro Sekunde – kerzengerade steigt der Rauch der

Fabrik-Schornsteine wie Signalfahnen des Rekordwetters in den Himmel. Herz sitzt in seinem Mercedes 170 V und hört Musik aus dem Radio.

5.30 Uhr: Die Plane wird von der Maschine gezogen. Auf einer Startschiene sitzt sie wie ein Riesenfisch auf dem Trockenen. Die 50 kg schwere Verkleidung ist blütenweiß. Durch zwei große Buglöcher soll der Fahrtwind in nach hinten führende Kanäle strömen und die Maschine dabei auf den Boden pressen.

5.45 Uhr: Herz erscheint, ruhig, im Renndress.

5.50 Uhr: Er setzt den Helm auf, verschwindet in der Verkleidung. Zwei Monteure schieben ihn an. Der Kompressormotor brüllt auf und Herz rast zur Warmlauf- und ersten Versuchsfahrt los. Einmal hin und zurück.

6.00 Uhr: Start zur Rekordfahrt. Beobachter notieren, daß die Maschine »ohne das geringste Flattern mit über 80 Meter in der Sekunde« dahinrast.

6.10 Uhr: Herz befindet sich auf der Rückfahrt. Nach internationalen Bestimmungen muß die Meßstrecke innerhalb einer Stunde in zwei Richtungen durchfahren werden. Für die Hinfahrt wurden über 290 km/h gestoppt.

6.12 Uhr: Ernst Henne gratuliert dem frischgebackenen Weltrekordmann Herz als erster. Westrup gibt bekannt: »Herz erreichte auf der Hinfahrt 294, auf der Rückfahrt 286 km/h. Der neue Weltrekord für den fliegenden Kilometer, in 12,42 Sekunden zurückgelegt, steht auf 290, für die fliegende Meile auf 288 km/h«.

Herz freilich schien in diesem Augenblick seinem Vorgänger Henne verblüffend ähnlich, denn sein Kommentar war schlicht, aber anspruchsvoll: »Ich will als nächstes unbedingt über die 300 km/h – Grenze kommen!«

Er kam. Aber erst einmal hielt der erste deutsche Nachkriegsrekord vier Jahre lang. Hennes Rekord hatte 14 Jahre lang überlebt, vor allem jedoch, weil die Jagd um die Spitze jahrelang dem Weltkrieg zum Opfer gefallen war. Henne wie Herz hatten bewiesen, daß das Rekordgeschäft immer ausgefeilter, technischer wurde und nur noch auf Unterschieden von Hundertstel-Sekunden beruhte. Sie hatten ihren Ställen daneben aber auch eine geldharte Leistung beschert: Weltruhm. Zwar hatten BMW- oder NSU-Maschinen auch vor ihren Rekorden bei den Fans in hohem Ansehen gestanden. Aber der einfache Mann auf der Straße im fernen amerikanischen Westen scherte sich wenig um Georg Maiers großartigen BMW-Sieg bei der Tourist Trophy 1939, dem wohl weltschwersten Motorradrennen überhaupt. Für ihn lagen Harleys oder Indians näher. Erst als zwischen 1929 und 1937 Henne nicht weniger als achtmal den absoluten Geschwindigkeitsrekord brach, rückte BMW endgültig zum Schlagzeilen-Begriff auf.

Kaum anders erging es NSU, denn als 1956 ein Werksteam auf dem berühmt-berüchtigten amerikanischen Salzsee auftauchte, kippten die Rekorde gleich reihenweise.

Vorher war aber erst noch der neuseeländische Rennfahrer Russel Wright an der Reihe, der 1955 den von der englischen Motorrad-Zeitschrift »Motor Cycle« ausgeschriebenen Preis von 12.000 Pfund anvisierte und sich die Siegprämie auf seiner 998 cm³-Vincent mit 296 km/h tatsächlich sichern konnte.

Hierher gehörte auch der Amerikaner Johnny Allen mit seinem kunststoffverkleidetem Boliden, dessen 342,4 km/h für die FIM bis heute nicht existieren. Trotzdem wurde Allen ein wichtiger Mann der Motorrad-Geschichte: War der Engländer Oliver Baldwin als erster Zweirad-Mensch über die 200 km/h-Marke gekommen – 199,2 km/h wurden offiziell nur anerkannt – dauerte es immerhin 27 Jahre, bis mit Allen die 300 km/h-Grenze fiel.

Dieses Ziel hatte auch die NSU-Crew vor Augen, die mit Tross und Maschinen im Sommer 1956 auf dem US-Salzsee auffuhr. Wieder hieß der Fahrer Wilhelm Herz. Doch dieses Mal stellte er gleich die Rekorde für 350 cm³ mit 303,54 km/h und für 500 cm³ mit 338,09 km/h auf. Später berichtete er: »Es kam auf zwei Dinge an: den Motor hören, die Fahrbahn fühlen und die Drehzahl beachten. Wenn man über 300 km/h schnell ist, hört die Geschwindigkeit auf. 280 km/h kann ich noch mit einer Hand fahren, bei 300 km/h wird es schon mulmig, zwischen

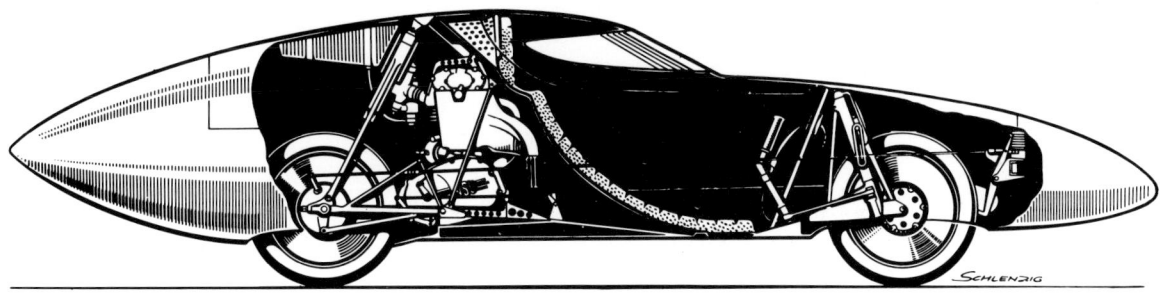

330 und 340 km/h aber müssen Fahrer und Maschine eins sein. Ich habe mich so tief wie möglich über den Lenker gebeugt und bei sich rasend steigernder Fahrt so behutsam und weich wie nur möglich geschaltet. Nur eine geringfügig harte Bewegung hätte katastrophale Folgen haben und die Maschine ins Schleudern bringen können. Während ich auf der Autobahn mit Kurzschließer schalte, beschleunige ich auf dem Salzsee mit der Kupplung, um die Gänge ganz weich hinein zu bekommen«.

Um ein für alle Mal reinen Tisch zu machen, ließen die NSU-Leute auch gleich ihr zweites As H.P. Müller – er hatte seinen Motorrad-Führerschein im Alter von 15 Jahren gemacht – antreten und das Rekordangebot abräumen:

Wieder ging es um die Aerodynamik bei einem Weltrekordversuch und wieder leistete NSU Pionierarbeit: Der „Baummsche Liegestuhl", von Spöttern auch „Bügelbrett" genannt, erreichte mit einem nur 3,4 PS starken, allerdings getunten Quickly-Motor sensationelle 178,48 km/h. Die Torpedoform (ganz oben), die so niedrig war, daß Baumm nur mit Mühe in ihr liegen konnte (darunter), war das Geheimnis des Erfolgs.

196 km/h in den 50 cm³- und 75 cm³-Klassen, 222 km/h in der 100 cm³-Klasse, 242 km/h für Maschinen mit 125, 175 und 250 cm³. Müller und Herz holten 54 Weltrekorde, und NSU hielt damit insgesamt 62 Weltbestleistungen für Solomaschinen.

Müller verdankte seinen Einstieg in die Gladiatoren-Liste vor allem einem schlanken, bärtigen Grafiker und gebürtigem Breslauer, der 1951 mit glühenden Augen die Weltrekordfahrten von Wilhelm Herz beobachtet hatte. Dieser Gustav-Adolf Baumm war ein Eigenbrödler, der an den Fortschritt glaubte. »Man darf auf seinen Erkenntnissen nicht stehen bleiben« war sein Grundsatz, den er zusammen mit einer Handvoll feinsinniger Ideen bei NSU vortrug. Den Neckarsulmern gebührt das Verdienst, daß sie den Wahl-Münchener nicht nur anhörten, sondern ihn auch ernst nahmen – keine Selbstverständlichkeit, wenn einer am Werkstor auftaucht, der behauptet, er habe ein Kolumbus-Ei erfunden. Erfunden hatte Baumm jedoch kein Ei, sondern einen Liegestuhl. Oder besser, entsprechend den Werksmitteilungen: »Ein Bügelbrett mußte für die ersten Untersuchungen herhalten«.

Vorne war ein lenkbares Rad, das Hinterrad starr, dazwischen ein Fox-Motor und der Liegesitz. Aller Skepsis der Experten zum Trotz erbrachten Windkanal-Versuche hervorragende aerodynamische Ergebnisse für die Baummsche Torpedoform. Trotzdem überschlägt sich der Bügelbrett-Liegestuhl bei einer Testfahrt auf dem Hockenheimring erst einmal, weshalb ihn die Techniker fortan »Purzelbaumm« tauften. Wo Baumms revolutionäre Idee eigentlich lag, enthüllte erst der spitze Rechenstift: Der Luftwiderstand wächst im Quadrat der Geschwindigkeit. Während aber Herz für seine 290 km/h immerhin 110 PS zur Verfügung gestanden hatten, wollte Baumm mit den 3,4 PS eines getunten Quickly-Motors auf über 120 km/h kommen, indem er einfach die aerodynamisch günstige Form wählte. Und die bestand seiner Ansicht darin, den Fahrer nicht mehr auf einen Sattel zu setzen, sondern flach in das Fahrzeug zu legen.

Am 24. August 1952 wollte Baumm auf der Hausstrecke deutscher Rekordfahrten, auf dem Autobahn-Abschnitt zwischen München und Nürnberg, seine Idee beweisen. Im Neckarsulmer Werk war man bis zuletzt skeptisch, wunderte sich aber doch, als Baumm für seine Alu-Verkleidung einen Luftwiderstandsbeiwert vorlegte, der über 50 Prozent unter jenem der Herz-Maschine lag. Gewissermaßen im Gegenzug ließ man deshalb gleich zwei »Liegestühle« startklar machen, einen mit dem 100 cm³-Fox-Motor, den zweiten mit dem 50 cm³-Quickly-Motor, beide mit Alkohol betrieben. Anstelle der serienmäßigen 1,4 PS leistete die Quickly-Maschine jetzt 3,4 PS, der Fox-Motor anstelle von 5,2 nun 7 PS. »Den Motor muß man mit der Lupe suchen«, stellte eine NSU-Werbeschrift über die Quickly-Version später fest: »Irgendwo im Heck sitzt er im Schatten der Batterie«.

Aber der kleine Motor hielt, was Baumm versprach. Von 92 km/h des Italieners Meo auf 127,34 km/h verbesserte Baumm den Rekord in der 50 cm³-Klasse. Und um fast 50 auf 178,48 km/h rückte sein Rekord in der 100 cm³-Klasse aufwärts – erst H. P. Müller konnte die Rekorde mit einer verbesserten Version des »Liegestuhls« brechen.

Doch damit war die deutsche Rekordserie beendet. Das Motorrad wurde vom Auto verdrängt, für die Hersteller begann der Kampf ums Überleben. NSU brach bald darauf mit seiner Motorrad-Tradition und baute fortan nur noch Autos, bei anderen Herstellern fehlte einfach das Geld in der Kasse für neue Rekordabenteuer. Anders in den Vereinigten Staaten, wo die Begeisterung am Motorsport auch reiche Privatleute oder Mineralölfirmen provoziert. Jene Grundeigenschaft deutschen Gemüts, der Spaß an technischen Tüfteleien, lockte jenseits des großen Teichs seltsamerweise schon immer mehr Geld aus den Firmenkassen und mehr Pubblikum an die Pisten. Was in Europa mit tierischem Ernst und der Lösung technischer Probleme wegen unternommen wurde, geriet den Amerikanern eher zur Show, zum Spaß. Ihre Erfolge werden damit nicht geschmälert.

Ärgerlich war vielmehr, daß 1966 wieder einmal der Rekordversuch des 28jährigen Triumph-Händlers Bob Leppan den Ungereimtheiten der FIM zum Opfer fiel. Leppan kuppelte nämlich erstmals zwei 650 cm^3-Triumph-Motoren aneinander und pflanzte sie einem geschoßähnlichen Vehikel ein. Um seinen »Gyronaut-X-1« auch wirklich sicher auf der Salzsee-Piste zu halten, sah er einen Kreiselstabilisator vor, mit dem heute Weltraumraketen über ihre Flugbahn gesteuert werden. Weil das kleine Ding aber nicht den Erwartungen entsprach, baute man es später wieder aus. Die Erwartungen befriedigte dagegen der Doppelmotor. Mit Methanol betrieben leistete er 140 PS, mit einem Gemisch aus Nitro und Methan sogar 200 PS. Wie Gustav-Adolf Baumm lag Leppan flach im Cockpit und stieß mit 396,4 km/h hart an die 400-km/h-Grenze. Doch, wie gesagt, weltweit anerkannt wurde der Rekord nie, in den Rekord-Annalen der FIM wird er bis heute nicht geführt.

Den vorerst letzten Akt der Rekord-Weltge-

Hatte Adolf Baumm mit seinem „Bügelbrett" aus 50 ccm noch 127 km/h herausgeholt, H. P.Müller später sogar 196 km/h, trat Kreidler rund zwanzig Jahre später mit einem ebenfalls vollverkleideten Fahrzeug zu einer neuen Rekordfahrt an (ganz oben). Ergebnis: 224,33 km/h! Honda ging es 1972 um den absoluten Geschwindigkeitsrekord, als zwei 750 ccm-Vierzylinder, durch Turbolader „aufgeheizt" gekoppelt wurden und so 280 PS abgaben (oben). Knapp 600 km/h zeigte der Tacho.

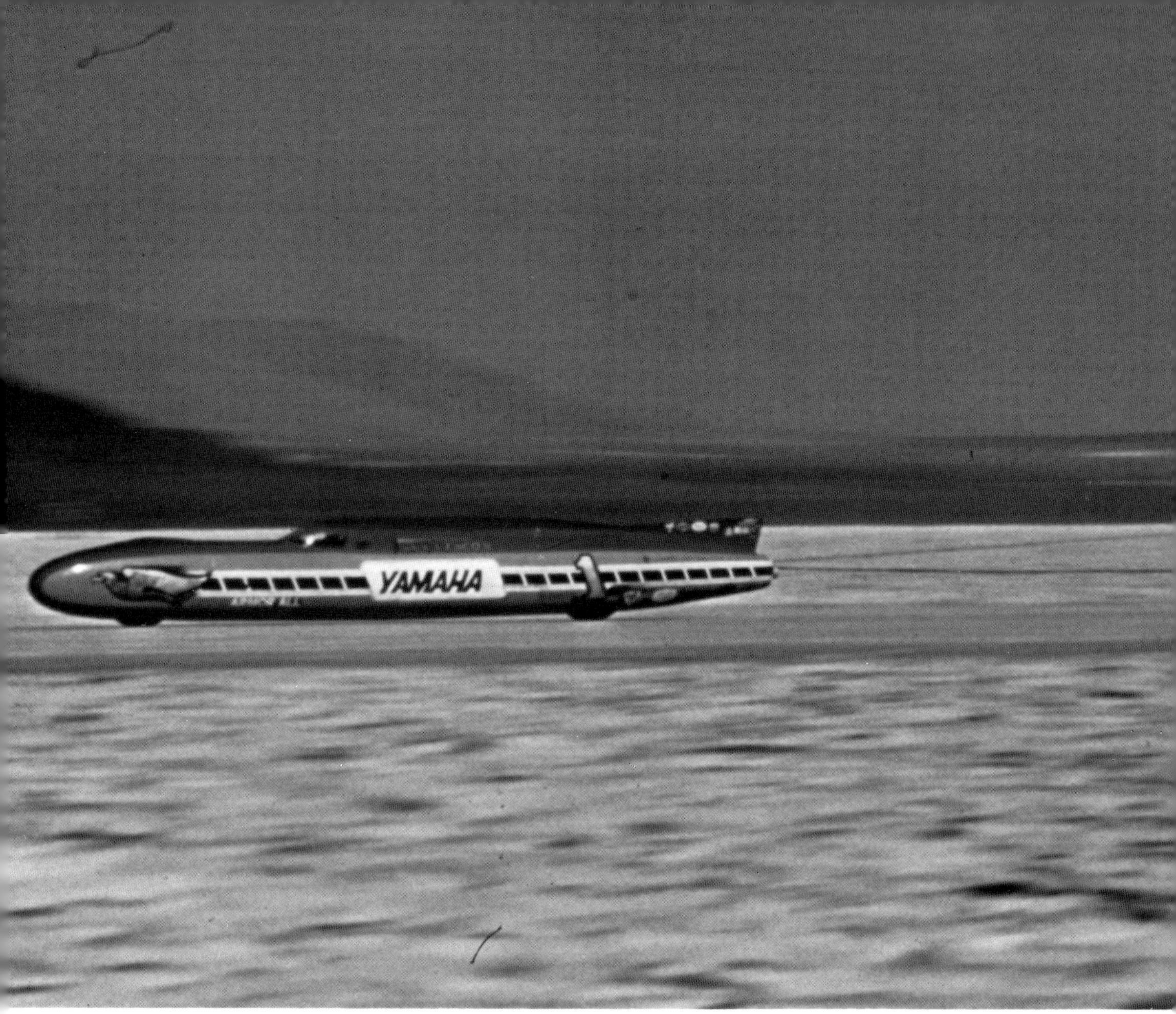
YAMAHA

SCOTT
1975

YA
Bird

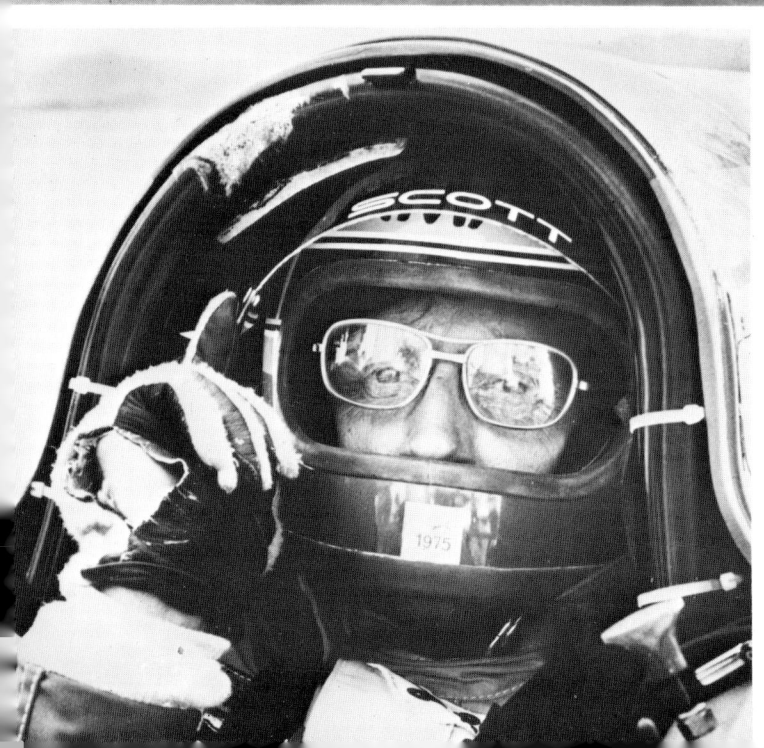

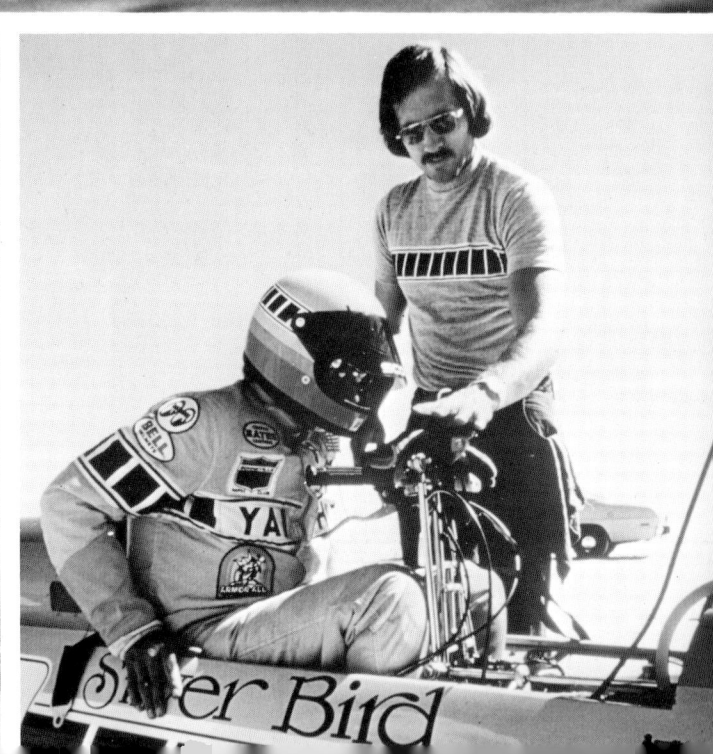

Der Amerikaner Don Vesco koppelte 1975 zwei Vierzylinder der Yamaha TZ 750 aneinander und steckte sie in eine 45 Zentimeter hohe „Zigarre". Erst brach ein Pleuel, dann riß die Treibriemenverbindung zwischen den beiden Motoren. Aber dann schaffte er schließlich doch die als

Ziel gesteckten 468 km/h. Don Vesco und sein Landsmann Breedlove halten damit die Geschwindigkeitsrekorde für Vehikel, die keine Autos sind, sondern wenigstens noch eine gewisse Verwandtschaft mit Motorrädern aufweisen.

Die „ewige" Liste
des absoluten Motorrad-Weltrekords

Datum	Fahrer	Fahrzeug	Geschwindigkeit
1909	Lingenfelder/USA	NSU-Zweizyl., 7,5 PS	124 km/h
1920	Walker/USA	Indian, 994 cm^3	165,6 km/h
1923	Dixon/GB	Harley-Davidson 989 cm^3	170,4 km/h
1923	Temple/GB	Anzani, 996 cm^3	173,6 km/h
1924	Le Vack/GB	Brough Superior/JAP, 998 cm^3	190,4 km/h
1926	Temple/GB	OEC Temple, 996 cm^3	194,4 km/h
1928	Baldwin/GB	Zenith/JAP.,998 cm^3	199 km/h (201 km/h)
1929	Le Vack/GB	Brough-Superior/JAP	208 km/h
1929	Henne/D	BMW, 740 cm^3	215,2 km/h
1930	Wright/GB	OEC Temple/JAP, 998 cm^3	219,7 km/h
1930	Henne/D	BMW, 740 cm^3	220 km/h
1930	Wright/GB	OEC Temple/JAP, 998 cm^3	240,8 km/h
1932	Henne/D	BMW, 735 cm^3	243,2 km/h
1934	Henne/D	BMW, 735 cm^3	244,8 km/h
1935	Henne/D	BMW, 735 cm^3	254,4 km/h
1936	Henne/D	BMW, 495 cm^3	270,4 km/h
1937	Fernihough/GB	Brough-Superior/JAP, 998 cm^3	271,2 km/h
1937	Taruffi/I	Gilera, 492 cm^3	272,8 km/h
1937	Henne/D	BMW, 493 cm^3	279,5 km/h
1951	Herz/D	NSU, 499 cm^3	290 km/h
1955	Wright/NZ	Vincent, 998 cm^3	296 km/h
1956	Herz/D	NSU, 347 cm^3	303,5 km/h[1]
1956	Herz/D	NSU, 499 cm^3	338,1 km/h[1]
1956	Allen/USA	Triumph-Thunderbird, 650 cm^3	342 km/h[2]
1962	Johnson/USA	Triumph, 649 cm^3	359 km/h[2]
1964	Breedlove/USA	Düsen-Fahrzeug	848 km/h[3]
1966	Leppan/USA	Triumph, 1300 cm^3	396,4 km/h[2]
1970	Vesco/USA	Yamaha-Spez., 2×350 cm^3	405,6 km/h
1970	Rayborn/USA	Harley-Davidson, 1496 cm^3	427 km/h[2]
1974	Vesco/USA	Yamaha-Spez., 2×750 cm^3	468 km/h

[1] nicht anerkannt durch American Motorcycle Association
[2] nicht anerkannt durch Fédération International Motorcyclette
[3] nur inoffiziell als Spezialfahrzeug gewertet

schichte führte im September 1975 der Amerikaner Don Vesco aus El Cajon in Kalifornien auf. Schon einmal war er 1970 mit einer Maschine aus zwei 350 cm^3-Yamaha TR2-Motoren und 405,59 km/h Weltrekordhalter gewesen, dann aber von seinem Landsmann Rayborn wenige Wochen später entthront worden. Seither stritten sich die beiden um den Ruhm, als erster Mensch auf zwei Rädern über 400 km/h gefahren zu sein. Dazu sollten ihm dieses Mal zwei Vierzylinder-Motoren der Yamaha TZ 750 mit jeweils 100 PS verhelfen. Um Antrieb samt den acht dimensionsgleichen Auspuffrohren und Gumizahnriemen zwischen beiden Motoren und zu den Aggregaten unterzubringen, mußte er sein erstes Fahrzeug um 45 Zentimeter verlängern. Als Sensation registrierten Beobachter die Schwenknabenlenkung – sie steuert bei 450 km/h und mehr schnurgerade! Weil er beim Bewegen der acht Gasschieber am Drehgriff die Steuerung während Testfahrten wiederholt »verriß«, suchte er die Lösung bei einem Fußpedal. Die Goodyear- oder Dunlop-Reifen waren mit 6 atü praktisch so hart wie ein Stein. Und selbstverständlich fanden Vescos sämtliche Rekordfahrten auf dem Salzsee statt.

»Bonneville« steht dort auf den Verkehrsschildern. Das klingt nach Dorf. Aber dann fährt man zehn Kilometer und gerät in eine Einöde. Kein Baum, kein Strauch, nur blendendweißes Salz – das ist Bonneville. Es reicht zum Geradeausfahren, aber nicht zum Leben. Doch das Salz von Utah ist seit 40 Jahren ein Markenartikel. Zu Unrecht, wie Experten meinen, denn Salz läßt die Reifen schlechter haften als Asphalt und ist nie völlig glatt. Warum trotzdem die Schnellfahrer seit einem halben Menschenalter hierher kommen? Weil man nirgends sonst 30 Kilometer mit Höchstgeschwindigkeit geradeausfahren kann, nach links, nach rechts, vorne und hinten. Millionen Dollar gingen hier zu Bruch. Erst waren es brave Kolbenmotoren, dann Batterie-Vehikel, Turbinen, Raketen. Augenzeugen wissen, daß sich nach ein paar Tagen das Salz aufs Gemüt legt. Das blendende Weiß, die stechende Helligkeit und die knallende Hitze, die so brutal

vom Boden reflektiert wird, daß man sogar unter dem Kinn einen Sonnenbrand bekommen kann. Manchmal geht ein kurzer Regenguß über der salzigen Piste nieder. Dann steht das Wasser einen Viertelmeter hoch. Kleine Bläschen springen im Salz auf, und über der weißen Wüste hängt ein seltsames Geräusch: Blabb-blabb-blabb. » Als ob da unten eine Million trauriger Frösche säße, die alle sagen blabb-blabb«, meinte einer. Seit ein Chemiewerk über Unterwasserrohre das Salzwasser absaugt und zu Pottasche verarbeitet, ist die seltsame Wüste bedroht. Von Jahr zu Jahr wird das Salz schmutziger, immer mehr Schlamm wird an die Oberfläche gedrückt.

Aber Don Vescos Rekordversuchen hielt das Naturdenkmal der Tausendstel Sekunden noch Stand. »Aus der Silver Bird 300 Meilen (= 480 km/h) herauszuholen, war nicht das Schwierigste«, berichtete er nach seiner jüngsten und sicherlich nicht letzten Fahrt, die ihn mit genau 468,099 km/h an die Spitze der US-Rekordhalter brachte. »Es war vielmehr schwierig, zwei Fahrten mit 300 Miles/h zusammen zu bekommen. Beide Läufe zählen für den Rekord. Ich fing mit einem 19er Zahnkranz an. Dann brach ein Pleuel. Ich ging mit der Getriebeabstufung herunter, und dann fuhren wir 291 auf der Hinfahrt und dann 294 auf der Herfahrt – das bedeutete neuen Rekord«.

Doch Vesco machte weiter. Bis ihm die Gummitreibriemen-Verbindung zwischen den beiden Motoren riß. Und anschließend war der Boden so schlüpfrig, daß der Reifen durchdrehte. Und dann geriet er auf eine winzige Bodenerhebung, weshalb ihm der fünfte Gang heraussprang: »Ehe ich den sechsten einlegen konnte, war die Geschwindigkeit schon zu stark gesunken. Ich erreichte nur 288 mp/h. Also fuhr ich sofort zurück und startete einen neuen Versuch. Beide Male klappte es – vier Fahrten und zwei Rekorde«.

Vesco wird weitermachen. Aber »welcher Motor im nächsten ›Silver Bird‹ sein wird, weiß ich jetzt noch nicht, da muß ich erst mit Yamaha sprechen«.

Die Modischen

Früher waren Motorräder reine Zweck-Fahrzeuge, das Auto des „kleinen Mannes". Inzwischen sind Motorräder nur noch Freizeit-Vehikel. Diese Befreiung hat dazu geführt, daß Motorräder und ihre Erscheinungsformen zur Mode wurden, der wohl einzigen Mode unter Verkehrsmitteln, die es gibt.

Jugendlicher Mittvierziger, Bauch kleiner als der seiner Alterskollegen, das Konto meist größer. Früher brauste er mit einem Porsche ins Wochenende, heute tuts eine 750er Honda: Das Motorrad gehöre »als Nutzfahrzeug« der Vergangenheit, als »Freizeitspielzeug für technisch interessierte, jugendliche Männer« jedoch der Zukunft an. Was allerdings diese Zukunft von anderen Futurologien unterscheidet, ist die zweirädrige Schlagseite zu formaler Extravaganz. Maschinen wie Fahrer produzieren zunehmend ihren Knatterspaß als Ausdruck einer bestimmten stilisierten Weltanschauung. Als Frankreichs Kaiser Napoleon im 18. Jahrhundert die Alpen überquerte, galt der kleine Korse auf wieherndem Pferd, von zeitgenößischen Malern vor wildverklüfteter Felsenlandschaft dargestellt, als das Heldenbild jener Tage. Als jedoch ein reichlich grüner Filmstar auf einem heißen Ofen und der Suche nach weiten Horizonten durch die kalifornische Sonnenlandschaft startete, war »Easy Rider« der gültige Zeittyp.

Mehr als Autos jemals an ihrem weit knorrigeren Stammbaum, sprießen der Motorradentwicklung immerfort neuen Ästchen in den gerade populären Farben. Geisteswissenschaftler werden sich darüber die Köpfe heiß reden, ob es sich dabei um Merkmale einer Kultur oder die Insignien der Zivilisation handelt. Am Reichtum der Formen und Selbstdarstellung des Motorradvolkes ändern solcherart Interpretationsprobleme nichts. In Berlin etwa nahmen 1975 fast tausend Motorradfahrer mit einem Trauer-Korso Abschied von ihren Toten wie weiland in New Orleans die schwarzen Jazzmusiker mit Dixieland und Festzug. »Ich will Dich loben, der Du die Straße vor mir ausbreitest, die Straße mit dem glatten Asphalt«, predigte einer in der Gedächtniskirche: »Wenn ich meinen Motor aufheulen lasse, so drücke ich meine Lebensfreude aus. Herr, ich will Dich loben, auf der Straße mit frischem Fahrtwind, so lange ich noch jung bin. Amen«. Der Ausbruch von Lebensfreude ist den Berliner Kult-Jüngern freilich geografisch zwischen Grenze und Mauer beschnitten. Acht Kilometer Avus-Autobahn, mit Fernlicht, mal linksherum nach Kladow, mal rechtsherum in die ehemalige Exklave Steinstücken und dann wieder an der Mauer entlang. »Wenn du allein bist, bist du dein eigener Mann«, zitierte Robert Hughes, selbst begeisterter Motorradfahrer, im US-Magazin »Newsweek« Leonardo da Vinci über das zweirädrige Selbstgefühl. Doch im Berliner Ghetto ist die Motorradgilde selten allein – und prompt entwickeln sich Ersatzreaktionen wie etwa jener Trauer-Korso im Gedenken an die verunglückten Kumpel, der gut 40 000 PS auf einem Fleck versammelte. An der Spinnerbrücke sammeln sie sich, mit Vorliebe am Sonntag zum großen

Gruppenkult. Dort werden Todesanzeigen angepinnt: »Sein großer Traum war ein großes Motorrad«. In der Nachbarschaft liegt eine Pizzeria, »Der Grill« genannt, wo die Stammgäste der etwa 6 500 luftig motorisierten Spreeathener verkehren. Rocker gehören nicht dazu. Sie können sich keine chromglänzenden Teuer-Vehikel leisten, denn dazu reicht nur regelmäßiges Einkommen. Und ein ungepflegtes Fahrzeug gilt als Zeichen sozialer Schwäche. Daß es auch im erlauchten Nobel-Club kracht, hat psychologisch tiefer liegende Ursachen. Wer ein bis zu 15 000 Mark teures »Gerät« kauft, fünf Zentner schwer, einen Traum von Freiheit in Stahl und Chrom, »auf Strecke« finanziert – wie hier Ratenzahlung bezeichnet wird – und die PS kaum einmal voll auf den Boden bringen kann, der frustriert. Norbert Theiner, Chef der Berliner Verkehrspolizei: »Die tödlich Verunglückten sind hauteng gefahren, waren oft zu schnell und hatten eine zu große Risikobereitschaft«. Sie wollten einmal die geografische Grenze wenigstens auf dem Tacho überwinden, und sie bezahlten den Versuch mit dem Leben.

Die Motorradfahrer der Halbstadt mögen ein psychologischer Sonderfall sein. Ihre Anfälligkeit, die Umwelt am Lenker und Gasgriff zu verdauen, ist es nicht. Auch an der ehemaligen Rennstrecke Solitude bei Stuttgart oder auf der Hohensyburg, 242 Meter über der Ruhr und zu Dortmund gehörig, leben Motorradfahrer ihre Umwelteindrücke wie ehemals James Dean in seinem Porsche aus. Die Maschinen sind dabei ein Spiegelbild dieses Seelenlebens: in der Mehrzahl industrielle Großserienprodukte, vom TÜV scharf gemaßregelt, aber mit Pinsel und Staubtuch auf Top-Glanz gehalten, wie es sich für eine Massengesellschaft gehört.

Zu anderen Zeiten war das ebenso, wenn auch anders. Hitlers Kradmeldertruppe trug Sturzhelme wie übergestülpte Nachttöpfe. Ölverschmierte Hände waren Ausdruck einer politisch aktivierten Zupack-Mentalität. Die Maschinen sahen aus, wie sich normale Menschen Motorräder vorstellten – Motor, zwei Räder, ein aufrechter Fahrer im Sattel. Es war nicht Mode,

es war Staatsbewußtsein, wonach der Fahrtwind roch. Man fühlte wie die Herrenreiter der ehemals kaiserlichen Kavallerie: Die Motorrad-Fahrschulen des »Nationalsozialistischen Kraftfahr-Korps« verfügten über Übungsmanegen, in denen der Schüler rund um den auf einem Podest im Zentrum stehenden Lehrer zu kurven hatte – wie früher die Pferde an der Leine so hier an ein Drehgestell geschraubt, daß exakte Kurvenradien garantieren und vorzeitige Bodenlandungen verhindern sollte. Der Lehrer dirigierte mit Fingerzeichen wie unter Reitern üblich. Die militärische Motorradtruppe übte Angriffstaktiken gleich den kaiserlichen Ulanen. Man fuhr nicht, man »ritt« seine Maschine. In England, wo noch heute ein Stück dieser Schweiß-und-Leder-Ära überlebt hat, fanden Ritterspiele mit echten Blechrüstungen und Schwertern statt – im Motorrad-, nicht im Pferdesattel. Man nehme eine Portion Pfadfinderphilosophie, würze sie mit technischer Begeisterung und politischer Aufrechterhaltung, packe alles zusammen leicht erhitzt in Zylinderinhalt und jage es durch die Landschaft: Heraus kam die germanische Motorradperspektive der 30er Jahre, streng in kriegstüchtige Einheiten organisiert, in Reih und Glied ausgerichtet, mit Straßenkarte und Werkzeugsatz ausgerüstet, wie es deutschem Ordnungsprinzip wohltat. Von Freiheit keine Spur, höchstens von einer Spur Freiheit der Natur. Ungewöhnlich waren vielleicht die Fahrer und ihre Philosophie, nicht aber die Maschinen.

Das Kriegsdebakel überlebte dieser Kult nur zur Hälfte und auch damals schon überholt belächelt. Es waren die Kradmelder-Romantiker, wie sie noch immer an jenem Januar-Wochenende beim Elefantentreffen auf dem Nürburgring anzutreffen sind. Die andere Hälfte war neu. Es waren die Rocker. Schwere Maschinen spielten erstmals eine Mode-Rolle. Im Sattel hockten Rabauken an der Spitze einer Rotte von Jugendlichen, in abgerissenen Ledermonturen, mit verdreckten Hakenkreuzbinden. Die wild geschwungene Fahrradkette war ihr Markenzeichen, Würstchenbuden auseinanderzunehmen ihr beliebtester Sport. Die Maschinen der wilden

Der US-Staat Kalifornien ist das Phantasieland der Motorradbauer. Vor allem Dreiräder mit

Coka-Büchsen-Sitz oder Dragster-Fahrgestell sind „in": Motorradfahren als purer Spaß!

Rudel verzichteten auf Standesembleme, auf Glanz und Glimmer, aber gemäß der zeittypischen Freude an technischer Funktion wurde ihre Mechanik gepflegt. Rocker spielten die Rolle von Kellerkindern unter den Motorradfahrern aller Zeiten und Trends. Ein paar, vor allem im Einzugsgebiet von Großstädten, haben bis heute überlebt. »Beschissen« ist ihr Lieblingswort. Mit Vornamen heißen sie Tiger oder Pranke, mit dem Familiennamen gemäß US-Vorbild »Bloody Devils«. Sie betrachteten sich als ausgestoßen wie der »lonely rider« im Wildwestfilm. »Weil alle gegen uns sind, zu Hause oder draußen«, begründete ein Ruhrpott-Rocker seinen motorisierten Sturmlauf. Achtzig Prozent von ihnen behaupten, sie seien von Eltern und Erziehern brutal geprügelt worden. Strafrechtspsychologen fürchten weniger die Hondas und Hercules, mit denen die wilden Pulks die Fernstraßen fressen, so weit das Benzingeld reicht. Auch die tiefere Kultbedeutung der rockenden Motorräder ist ihnen bislang keine eingehende Betrachtung wert gewesen. Dafür kalkulieren sie mit Vorliebe den Gewindegang der Gewaltschraube: Da gebe es den Übermut, der zum Steinwurf in ein Schaufenster führe – worauf allerdings nicht mehr folge außer Abfahrt unter Geheule. Doch beim nächsten Mal werde schon etwas mitgenommen. Und nach einigen Wiederholungsfällen bekomme ein Zeuge vielleicht mit der Fahrradkette eins über den »Nischel«, wie der Kopf im Jargon heißt.

Gestoppt wurde diese Gangart von einem Film mit Signalwirkung. Auch vorher hatte es schon Motorradfilme gegeben. Da war zum Beispiel Marlon Brando als »Der Wilde« an der Spitze einer Motorradbande in die Snackbars von Druchschnittsamerikanern gedonnert und hatte die Tochter des Wirts aufs Kreuz gelegt. Oder in »Hell's Angel« bot Lee Marvin als Captain America die filmische Möglichkeit, einen Nachfolger für die abgehalfterten Westernhelden in Szenen zu setzen. Damals, Anfang der siebziger Jahre, stolzierten Touristen durch die Filmstudios von Hollywood und betrachteten staunenden Auges die zerbröckelnden Anlagen genauso wie Ar-

chäologen auf die Überreste eines versunkenen Imperiums stoßen. Die großen Filmgesellschaften errichteten auf dem Studiogelände einträglichere Bürohochhäuser, und Alt-Stars wie Rock Hudson oder Anthony Quinn krabschten nach jedem Fernsehjob. Hollywood schien erledigt.

Den Weg abwärts hatte ein Streifen gewiesen, mit niedrigem Budget außerhalb der Filmstadt gedreht: »Easy Rider«. Die Story von den zwei Jungen, die auf den Landstraßen Amerikas nach Wahrheit und Gerechtigkeit suchen, machte Geschichte. Zwar erholte sich auch Hollywood wieder. Aber das brav und optisch erzählte Epos mit dem Sohn des Film-Barden Henry Fonda im Chopper-Sattel bot den Werbestrategen endlich eine willkommene Gelegenheit, die Motorradfahrer von ihrer Rocker- und Straßenstaub-Ächtung zu befreien und ihr Image positiv aufzuladen. Der »Easy Rider« suchte weite Horizonte, auch wenn er Halluzinationen nachjagte. Weite Horizonte suchten aber auch die in Hochhäuser eingemauerten Großstädter im Massentourismus – damit war der Grundstein zur Identifikation mit den beiden Twens im Motorradsattel gelegt.

Und dann waren da noch die Maschinen. Putzig, ein wenig irre, aber Fahrkomfort verheißend und vor allem blitzblank sauber, wie es eine Welt mit Miller Chairs und Finn-Design erforderte. Endlich stimmte der Jung-Bürger im Kinostuhl mit den Knaben im Sattel überein. Da war etwas, das man zur Mode machen konnte wie Mini-Röcke oder Dauerwellen.

»Chopper« war die Typenbezeichnung für die verschrobene Konstruktion aus schräger Langgabel, mit breitem Hinterradpneu und fahrradähnlichem Vorderrad. Erfunden wurden sie, weil ein vergrößerter Radstand und ein extremer Gabelwinkel sich vorzugsweise für solche Geradeausfahrten eignen, wie es die Betonbänder im sonnigen Kalifornien erfordern. Großvolumige Motoren vom Harley-Kaliber, stabil rotierend, eine Rückenlehne und ein bequemer Griff zum hochgestellten Lenker waren weitere zweckmäßige Merkmale. Und da technische Ambitionen bekanntlich immer irgendwann einmal in einen

  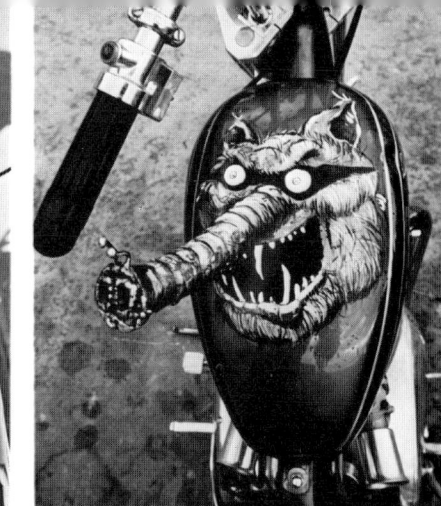

Motorräder und Zubehör als Kultgegenstände, eine chromglitzernde und bunt bemalte Zweirad-Kultur sind Symbole für den Spaß an der Technik. In Europa durch TÜV-Vorschriften eingeengt, reisen in den USA die Zweirad-Jünger mit federbuschigen Helmen, über Totenkopf-Tanks gebeugt, auf Langgabel-Maschinen mit allerlei Glitzeremblemen verziert über schnurgerade Straßen. Unzählige Spezialwerkstätten vor allem an der US-Westküste erfüllen jeden noch so ausgefallenen technischen Wunsch. In Spezialzeitschriften werden Chopper-Motoren und Langgabeln für etwa 300 Dollar angeboten. In New York gibt es bereits Kunstgalerien, die sich auf das Sammeln besonders gelungener Tank-Lackierungen oder „Kleinplastiken" wie beispielsweise Tankverschlüsse, Scheinwerfer oder Ventildeckel spezialisiert haben. Farben und Formen feiern höchste Triumphe. Trotzdem sind Chopper-Maschinen die einzigen Motorräder, deren Bedeutung auf die USA beschränkt blieb und die in Europa praktisch nicht Fuß fassen konnten. Hier konzentriert man sich nahezu ausschließlich auf Serienmaschinen.

Anfall von Form und Farbe münden, wenn die funktionellen Ansprüche befriedigt sind, kam höchste Perfektion in Chrom und Pink dazu. Die Stars and Stripes am Tank wurden schon fast obligatorisch.

Jones Reed in Drayton/England rüstete beispielsweise für 2000 Mark eine angelieferte Triumph 650 Bonneville zum waschechten Chopper um: fast zwei Meter hoch geriet das modische Vehikel – allein der Lenker befand sich anderthalb Meter über dem Asphalt. Die Teleskop-Gabel wurde auf 135 Zentimeter verlängert, der vordere Pneu beschied sich mit 2.50 × 19, der Hinterreifen entstammte mit 5.00 × 16 einem Sunbeam-500-Auto. Den Tank ließ Reed aus fünf Eisenblechteilen von Hand zusammenlöten, was ihm offenbar im Vergleich zum herkömmlichen Bonneville-Tank mehr schadete: Die Chopper-Benzinflasche faßte nicht einmal zwei Liter.

Doch solche Kleinigkeiten ließen Chopper-Fans kalt. Ihre Begeisterung galt nicht technischen Mini-Details, sondern der Mode. Genauso wie es Anhängern eines weiblichen Filmstars mehr auf die Augenfarbe oder Oberweite ankommt und nicht auf intelligente Aussprüche aus kirschrotem Mund. Durch die zum Chopper umgebauten Harley-Sportster im »Easy Rider«-Film war Motorradfahren endgültig wieder »in«. Wo Passanten auf einige Altvordere mit ihren ölverschmierten Drahteseln stießen, wurde nun plötzlich nicht mehr mitleidig gelächelt, sondern ein neugieriger Seitenblick riskiert. Noch war die Zeit nicht reif, sich selbst ein Motorrad neben den Mercedes in die Garage zu stellen, nur um einen luftigen Ausflug nach dem Sonntagsfrühstück unternehmen zu können. Doch ein paar riskierten es trotzdem. Und andere zogen nach. Der Motorrad-Boom kam zögernd in Fahrt. So wie in den zwanziger Jahren ein einziger Film genügt hatte, um einen bestimmten Schlager populär zu machen, so hatte es dieses Mal ein modisches und bereits totgesagtes Vehikel erwischt.

Die Chopper-Mode hatte den Bann gebrochen. Erstmals in der Aneinanderreihung von Motor-

radgenerationen waren Technik und Leistung Nebensache, Form und Mode hingegen alles. Selbst in Europa, wo Landstraßen gewöhnlich eng und kurvig sind, tauchten die Vehikel mit dem langen Radstand auf, allerdings vorzugsweise auf linksrheinischem Terrain, weil der bundesdeutsche TÜV den Heißmachern beharrlich seinen Segen verweigerte.

Eine Ausnahme machte nur die italienische Fantic Motor S.p.A. mit einer Art Jugend-Chopper. Die Abmessungen der Langgabel hielten sich freilich in sittsamen Europa-Grenzen, der Radstand von 1,44 m konnte durchaus an jenem einer Suzuki 125 gemessen werden, die immerhin auch schon 1,31 m vorzeigen kann. Eine Sitzmulde sollte zu Chopper-Fahrgefühl verhelfen, doch ein Tester jammerte: »Als Zubehör gibt es eine verlängerte Rückenlehne für den Sozius, die das Sitzen wirklich bequemer macht. Der Fahrer hätte solch eine Lehne für längere Fahrten auch nötig, denn für ihn wird es auf die Dauer anstrengend, weil man schräg nach hinten gebeugt sitzt, sich aber nicht anlehnen kann.« Doch scheiterte dieses Chopper-Requisit an der TÜV-Zulassung, wie überhaupt die »Fantic« nur ein optisches Surrogat der aufregenden US-Mode und weniger deren europäischer Nachvollzug darstellt.

Aufregend war allerdings wirklich, was sich jenseits des Atlantiks auf dem Motorradmarkt tat. Erstmals wurden die Grenzen zwischen dem Frischluftspaß »Motorradfahren« und der uniformen Großserien-Konfektion eingerissen. Erlaubt war, was Lust und Freude brachte. Chromverputzte Supermaschinen tauchten auf, Harleys gerieten mit echtem Mustang-Sattel, fransenbeknüpft und an zweirädrige Bedürfnisse angepaßt, auch visuell zu kraftstrotzenden Reittieren. Während vor allem die Japaner ihre Serienprodukte unter der Devise produzierten »Motorräder, egal für wen«, mauserte sich die neue Generation zu individuellen Kultgegenständen. Keine Maschine glich der anderen. Die Vielfalt und der persönliche Geschmack triumphierten. Ohne die Chopper-Aufreißer wäre der Verkaufserfolg jener Fun-Bikes und Einkauf-

Der Film, der Motorradgeschichte machte

Der „Krieg der Sterne" gab den Anstoß zu einer Science-Fiction-Welle und „Im Zeichen des Falken" mit Humphrey Bogart ging als Inbegriff „schwarzer" Krimis in die Filmgeschichte ein. Die Celloluid-Historie ist reich an Beispielen, wie Lichtspiele als Trendsetter neue Mode-Wellen auslösten. Aber nur eine 90 Minuten-Story riß eine ganze Industrie aus dem Dämmerschlaf. Es war die Geschichte von den beiden Burschen, die alles charakterisierte, wovon TV-lahme, vom Wohlstand lethargisierte Menschen der 60er Jahre träumten. Es war die Story vom „lonesome Cowboy", vom einsamen Helden, der von Freiheit träumt und notfalls mit dem Leben bezahlt, um sich ein Stück davon zu greifen – pure Romantik. Und da war außerdem die Technik – Technik endlich einmal anders als es dutzendfach abgesicherte Weltraumraketen vorführten. Technik in Chrom und Farbe zwar, aber auch in Benzindunst und Dreck. Bizarr wie alte Autos. Peter Fonda und sein Kumpan Denis Hoper fuhren Chopper-Versionen der Harley „Sportster", von Hause aus keine Super-Technik, sondern ähnlich dem VW-Boxer für Seriosität und Steh-vermögen ausgelegt. Eine Mischung alles in allem, die ankam – ankam beim Spieltrieb im Mann, den hierzulande bestenfalls die TÜV-Menschen bremsen können, wenn sie ihre Paragrafen auf-

blättern. Am TÜV scheiterte die Chopper-Langgabel. Dafür gerieten Serien-maschinen in einen bislang ungebrochenen Boom. „Sage niemals Rocker zu einem Motorradfahrer, denn unter dem Helm könnte dein Chef stecken", ulkte die Branche, denn der Schah von Persien schwang sich ebenso in den Sattel wie „Seewolf"-Darsteller Harmstorf, der Weinbrenner Helmut Asbach oder ADAC-Chef Franz Stadler. Die Ford-Bosse Bob Lutz und Peter Weiher reiten zweirädrige BMW's und die Schwester von US-Präsident Carter ist Vorsitzende des Gorgia Motorcycle-Clubs. Die beiden Easy-Rider-Darsteller waren Ende Zwanzig: Die Motorradindustrie beziffert als Durchschnittsalter ihrer Kundschaft für schwere Maschinen auf etwa 30 Jahre, also jenseits der Schwelle „jugendlichen Leichtsinns". Auch der Film-Traum von der großen Freiheit erhielt seine bürgerliche Variante: „Für mich ist es das Schönste, meine Frau hinter mir auf der Sitzbank zu spüren und trotzdem nicht mit ihr reden zu müssen, denn im Wagen redet sie ununterbrochen", erklärte ein Fan. Auch eine Art von Freiheit, die Männer suchen. Angefangen vom Motorradkauf bis hin zur harten Hand am Lenker gab der Easy-Rider-Film den Startschuß zur großen Befrei-ungs-Bewegung auf zwei Rädern, die heute noch ungebrochen anhält.

Minis, der ballonrädrigen Winzlinge nicht möglich gewesen. Motorräder mit dem Gusto harter Geländemaschinen, in der Branche folgerichtig als »tout terrain« bezeichnet, tauchten mitten im Großstadtverkehr auf – ohne den sittenknackenden Chopper-Einfluß undenkbar. Emanzipiert vom bloßen Spaß an ölverdreckten Fingern, vom ursprünglichen Zwang zur Begeisterung an PS, Kubik, Bauarten und Motorprinzipen machte sich das Motorrad zu Neulandgewinn quer durch alle Einkommensschichten und Geschmacksstufungen auf. Wo sich der altgedienten Traditionalistengilde die Haare sträubten, wenn Knaben im offenen Hemd und mit bunten Emblemen auf der Lederjacke jauchzend durch die Landschaft knatterten, dort wurde der Virus der totalen Zweiradfreiheit virulent. So betrachtet, waren es die Motorradfahrer selbst, die ihrem liebsten Produkt jahrzehntelang die Befreiung von Tradition und Philosophie verwehrt hatten. Nur der Ausbruch ins Extrem war imstande, die finstere Lagerfeuer-Psychologie und Kerzenschlüssel-Mentalität niederzuwalzen.

Wäre diese Revolution ausgeblieben, dann – heute kann man rückblickend diesen Verdacht wagen – hätte sich in den USA der Motorradbestand nicht innerhalb von zehn Jahren verfünffacht, wäre Wladimir Fjodorowitsch Promyslow, Oberbürgermeister von Moskau, anläßlich seines Deutschland-Besuchs 1973 nicht bei BMW vorgefahren, nur um sich Motorräder anzusehen.

Undenkbar auch, daß ohne diesen verrückten Fun-Trend zum Beispiel hunderttausend Zuschauer zum traditionellen Bol d'Or-Rennen 1975 nach Le Mans gepilgert wären. Sie waren gekommen, um die härtesten Männer auf den härtesten Maschinen zu sehen – Gegensatz macht Spaß. Der Franzose Ferdinand Venin hängte sich drei gebratene Koteletts um den Hals und aß sie während der 24stündigen Marathonfahrt, um Zeit zu sparen. Die meist jungen Zuschauer, die oft genug auf modischen Choppern und von Kinkerlitzchen gezeichneten Serienmaschinen angereist kamen, hatten ihren Spaß an der wichtigsten Langstreckenprüfung,

die der Motorradsport kennt: Rund 16 000mal Kuppeln und Schalten, vor den Kurven den Oberkörper aufrichten und den Luftwiderstand als Bremse nutzen, Schräglage, bis die Stiefel durchscheuern und das Blut herausläuft. Einer ging mit einer Toilette in Form einer am Rahmen befestigten Abflußleitung aus Gummi an den Start.

Daß die Begeisterung rund zwanzig Jahre nach Schorsch Maiers und Heiner Fleischmanns Rundenritten wieder auflebte, daran tragen auch die ungewöhnlichen Amerikaner mit ihren seltsamen Maschinen ein gerütteltes Maß an Verantwortung. »Wenn er fuhr, spürte er intensiv, daß er lebte«, ließ der österreichische Schriftsteller Walter Kappacher in einem Motorradroman seinen Titelhelden sagen. Daß das Buch nicht nur erschien, sondern im Trend der Motorradbegeisterung auch noch gelesen wurde, ist eine Folge der Befreiung von bloß technischen Maximen der zweirädrigen Freizeitbeschäftigung.

Sicher, es kamen noch einige Faktoren dazu. Beispielsweise das Ende des automobilen Prestige-Verständnisses, daß Autos ihre Aureole verloren und sich banalisierten. Mit dem Servo-Komfort ging der letzte Hauch von Herausforderung verloren, die Originalität wurde herausgepolstert. Die Chance, ein individuelles Technik-Erlebnis zu entdecken, kam erst wieder mit der Motorrad-Renaissance. »Auf dem Motorrad ist der Rahmen weg, man ist mit allem ganz in Fühlung, man ist mittendrin in der Szene, anstatt sich nur zu betrachten, und das Gefühl der Gegenwärtigkeit ist überwältigend«, notierte Robert M. Pirig in seinem Roman »Zen und die Kunst ein Motorrad zu warten«. »Der Beton, der da fünf Zoll unter den Füßen durchwischt, ist echt, derselbe Stoff, auf dem man geht. Er ist wirklich da, so unscharf zwar, daß er sich nicht fixieren läßt, aber man kann jederzeit den Fuß darauf stellen und ihn berühren.«

Das war schon immer so. Aber das Gefühl dafür mußte erst wieder entdeckt werden. Wieder entdecken mußten auch die »Modemacher« das Motorrad. Gunter Sachs etwa fährt zwar »grundsätzlich nur bei schönem Wetter, denn ich haße es, so in einer Lederkleidung herumzugondeln«. Und grundsätzlich ist es auch gleichgültig, ob Herr Sachs eine oder zwei »Münch« in seiner Garage parkt. Von Bedeutung ist vielmehr, daß ein Mann wie Sachs mit dem Instinkt für In-Trends im Motorradfahren etwas ausgemacht hat, was ihm »weder das Fliegen noch andere Sportarten, wie Ski- oder Bobfahren, vermitteln können«.

Politisch Ambitionierte mögen es für skuriles Beiwerk halten, daß ausgerechnet die meist linkslastige Jugend den antisozialen Inhalt des Motorradfahrens als seinen besten Wert gefunden haben: »Das Motorrad ist ein Zauber gegen den Zwang, ein Gruppenmensch zu sein«, meint der Amerikaner Robert Hughes. Das ist es! Bis zum Jahr der Chopper zählten sachliche Argumente für die Motorräder. Daß sie weniger Sprit als Autos verbrauchen, die Luft weniger verpesten und keine Parkprobleme kennen. Doch — um nochmals Roberts Hughes zu zitieren — »die unangreifbaren Argumente sind nicht immer die wesentlichen. Wer ein Motorrad kauft, erwirbt eine Erfahrung, die keine andere Transportart vermitteln kann: ein einzigartiges Hoch, das wie Rauschgift seinen eigenen Kult um sich gewoben hat«.

Dieser Kult hat wenig mit Technik zu tun und ist inzwischen keine Frage von Typen, Zylinderzahl und Leistung mehr. Statt den Fahrer zu isolieren wie das Auto, setzt ihn das Motorrad seiner Umgebung aus und spannt alle Sinne. Es hat etwas zu tun mit dem Sich-öffnen und Verengen des Raumes, der Kälte und der Hitze, dem Gestank, dem Lärm.

Es war nahezu zwangsläufig, daß auch gesellschaftlich Geächtete diesem Kult erlagen. »Der Motorradlärm ist einfach unerträglich«, klagte eine um ihren Schlaf gebrachte Angestellte in der Nachbarschaft des Lehniner Platzes in Berlin-Wilmersdorf, einem City-Treff der Motorrad-Fans. Doch Polizei-Hauptkommissar Horst Seidler beschwichtigte: »Trotz rauhen Tons, trotz des grimmigen Aussehens und der heulenden Motoren – das sind keine Rocker. Man darf

diese Fahrer nicht von vornherein als Buhmänner hinstellen.«

Echte Buhmänner waren dagegen die japanischen »Bosozoku«, was so viel wie »Stamm der wild Rasenden« heißt. Sie tauchten zum ersten Mal im Sommer 1974 auf und seitdem hat sich ihre Zahl auf über 24 000 in 649 verschiedenen Banden organisierte Mitglieder mehr als verdoppelt. Ihre »Saison« begann gewöhnlich mit Beginn des mehrtägigen Frühlingsfestes der Stadt Kobe bei Osaka Mitte Mai. 1976 entfachten etwa dreihundert Bosozoku einen Aufruhr unter der auf zehntausend geschätzten Festtagsmenge, die sich dann mit einem 1 200 Mann starken Aufgebot der Einsatzpolizei prügelte. Nach Ansicht des einschlägigen Experten Professor Yasunori Chiba liegt die Ursache für das verstärkte Auftreten des Bosozoku-Unwesens nicht zuletzt in der Frustration darüber, daß sich die Behörden im Hinblick auf ihre besonderen Probleme völlig apathisch verhalten. »Für uns ist die Welt ein Gasgemisch, das wir mit unseren Motorkolben zur Explosion bringen«, äußerte sich einer der von der Schulbank auf den Motorradsattel umgestiegenen PS-Fanatiker. »Bei Tempo hundertachtzig wird alles wieder gut, was einem weh tut, man schwebt richtiggehend«, sagt ein anderer. Sie flüchten aus der Gesellschaft, in der sie sich unsicher und mißverstanden fühlen, in den Schutz des Rudels, dem sie imponierende Namen geben wie »Kyuketsuki« (Vampir), »Ikkakuju« (Einhorn), »Kimento« (Partei der Teufelsmasken), »Hangoroshi« (die Halbtotgeschlagenen) oder »Shinigami« (Götter des Todes). Doch so gern Motorrad-Gegner das sehen würden, repräsentativ sind Bosozokus für die zweirädrige Begeisterungswelle ebensowenig wie Gangster für die automobile Gesellschaft, nur weil sie ein Auto für ihren Bankraub benutzen. Repräsentativ ist dagegen, daß in der Motorradwelt so gut wie alles möglich ist. Folgte in der Vergangenheit ein Trend auf den anderen, folgten den »Technikern« die Kraft-durch-Freude-Fahrer, die wiederum von den Rockern abgelöst wurden, öffnete der absurde Langgabel-Mythos die Türen zum individuellen Motor-

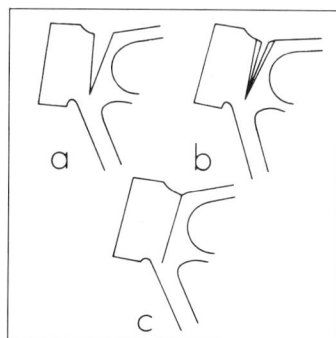

Chopper, langgabelige Maschinen mit schwächlichem Vorderrad und Lkw-breitem Hinterpneu und durch extremen Radstand sowie flachem Gabelwinkel eigentlich nur für Geradeausfahrten geeignet, sind die typischen Vehikel einer Fun-und-Bike-Kultur, wie sie der US-Film „Easy Rider" mit großem Erfolg propagierte. In amerikanischen Moto-Magazinen finden sich sogar Anweisungen, wie man den Gabelwinkel auf einfache Weise verändern kann (links).

radverständnis. Niemand wundert sich heute mehr, wenn einer auf einer Indian »Chief«, dem donnernden Straßenungetüm der Vierziger Jahre, daher kommt. Niemand wirft eine NSU-Fox achtlos auf den Schrott, denn die historischen Vehikel haben ebenso Saison wie die glänzenden Neuprodukte. Um als Motorradfahrer anerkannt zu werden, muß sich keiner mehr bis an die Kinnspitze in Segeltuch verpacken, feines Waschleder tut's auch, selbst wenn die Sicherheits-Apologeten darauf verweisen, daß zu einem sauberen Sturz gepolsterte Ellenbogen und Knie, Handschuhe und Helm gehören. Die Italo-Firma »Ducati« schickte in ihren Anzeigen sogar einen geschmäcklerischen Gent ins Treffen, der mit über die Schulter geworfenem Mantel ein hauseigenes Modell flankierte: »For the man who wants a machine and not a toy«. In Paris – und nicht nur dort – wurde ein Mann gesichtet, der vornehm im dunkelblauen Zweireiher aus der Tür trat, seinen Jaguar achtlos passierte und sich auf seine Honda 750 Four schwang und davonbrauste. Die Zigarettenmarke Stuyvesant schnupperte den Duft der großen weiten Welt auf dem Motorrad – nicht lederverkleidet, sondern mit einer leichtgeschürzten Maid, fröhlich strahlend im Sattel. Der dazugehörige Schnurrbarttyp war auf den Sozius verbannt.

Denn auch das gehört zur Emanzipation des Motorrades: Von den 225 000 Bundesbürgern, die zum Beispiel 1975 den »Führerschein zur Freiheit« erwarben, waren 13 000 Frauen. Die Stuttgarterin Beate Kirch, 24 Jahre jung, brauste 16 Stunden nach Jugoslawien. Sie kam in der Nacht an, badete im Meer, schlug ihr Zelt auf und fuhr, nach fünf Stunden Schlaf, am frühen Morgen wieder zurück. »Kaum zu glauben«, schwärmte der Münchener Motorradhändler Spaett, »wie verrückt die Mädchen nach den Maschinen sind. Jedes zehnte Motorrad wird bereits von einer Frau gekauft«. Und der Frankfurter Honda-Händler Gerhard Schuh pflichtete bei: »Frauen sind die besseren Kunden, die Männer bilden sich doch bloß ein, mehr davon zu verstehen als der Verkäufer«. Zum Start der weichen Welle ließ Honda sogar Sophia Loren

auf einer Honda kurven – zum Jahreslohn von 200 000 Dollar. »Viele Männer möchten gern«, glaubt der Europa-Promoter des japanischen Weltspitzenreiters, Dilip Roychowdhury, »aber ihre Frauen lassen sie nicht«.

Die Motorradmiezen der Neuzeit sind in Wahrheit keine Stars wie Sophia Loren oder Brigitte Bardot, die mit heißen Höschen auf heißen Öfen durch St. Tropez und Rom rollen. Sie verzichten dem Motorrad zuliebe auf vieles, was das Leben außerdem noch lebenswert macht. »So ein Motorrad ist eben kein Auto«, erklärte die Darmstädterin Dagmar Heinrich. »Motorradfahren ist ein Spaß, und dafür investiert man eben mehr.« Der Umgang mit den Maschinen hat auch keine Mannweiber aus den Motorradbräuten gemacht. So sicher, wie sie 70 Pferdestärken zähmen, so sicher führen sie den Lippenstift. »Früher hat man auch autofahrende Frauen für Mannweiber gehalten«, argumentiert die Münchener Lehrerin Gabriele Cler, die auf ihrer Maschine jeden Morgen von ihren zehnjährigen Schülern sehnsüchtig erwartet wird. Oder da ist die Dortmunder Bundesbahnbeamtin Lucia Wicht, 20 Jahre und verlobt mit dem 24jährigen Zweiradmechaniker Lothar Wienhold. Vor zwei Jahren haben sie sich in einem Stammlokal für Motorradfahrer kennen gelernt. Schon als zwölfjährige hatte Lucia ihre erste Fahrpraxis auf dem väterlichen Motorrad erworben. Mit 16 wollten sie die Eltern überreden, sich ein Moped zu kaufen, »in der Hoffnung, daß ich dann die Nase voll hätte«. Aber sie fing gleich mit einer 250er Honda an. Dann folgte eine 500er derselben Marke, »die ich allerdings zu Schrott fuhr«. Jetzt fährt sie die BMW 90 S ihres Verlobten: »Allerdings läßt er mich nicht gerne fahren. Welcher Mann ist schon überzeugt, daß auch Frauen gut Motorrad fahren können? Ich selbst glaube schon, eine relativ gute Fahrerin zu sein. Ohnehin würde ich nie so schnell wie mein Verlobter fahren. Ich bin vorsichtiger«.

Während Lucia ihren Motorradlebenslauf erläutert, sammeln sich Zaungäste um sie, alles Lederbedresste, die sich Sonntags auf der Hohensyburg versammeln. »Wissen Sie, im Grunde geht es hier doch nur darum, die Karre vorzuzeigen«, meint der Dortmunder Adolf. »Und passieren tut hier auch eine ganze Menge. Vor allem in bestimmten Kurven. Es macht Spaß, zuzugucken, wie die da runterfahren, und zu warten, ob sie auf die Schnauze fallen«. Show-Business! Alex Maxeiner ist ein Stück davon. Seine grün-weiß-schwarze Ledermontur entspricht den Farben seiner »Gold Wing«. Er ist 40 und Maschinensteiger im Bergwerk. Wer jemals unter Tage war, versteht, daß er sich »die frische Luft um die Nase wehen lassen« möchte. »Das macht mir am meisten Spaß. Und daß man allein fahren kann«. Denn Zuhause hat Alex außerdem nicht nur einen Ford Granada, sondern auch noch eine Frau und drei Kinder.

Kain Borsig liebt die Maschine an den Motorrädern. Aber er bedauert das ausbeuterische Verhältnis der Menschen zu ihnen: Während er das sagt, ist ein Motorradvertreter mit einem Hänger voll neuer Modelle vorgefahren. Jeden Sonntag kommen sie und winken mit Kaufverträgen. Kawasaki ließ sogar Fragebogen ausfüllen – 128 Punkte, für jeden Bogen zehn Mark. »Neuzeitprothesen« taufte eine Journalistin die Motorräder. Die Dame hatte keine Ahnung vom Motorradfahren. »Wenn du so eine halbe Stunde deinen Chopper jagst«, flüstert die Zeitschrift ‚Playboy' ihren Lesern, »und dann auf was Zweifüßiges umsteigst, merkst du den Unterschied bloß, weil die Braut so satt gar nicht röhren kann«.

Umgekehrt reagierte allerdings eine Dame im Ruhrgebiet, die sich von ihrem Mann scheiden ließ, weil er nachts im Bett die Motorengeräusche seiner Maschine gesummt und schließlich sogar vorgeschlagen hatte, seine Honda im Wohnzimmer überwintern zu lassen. Dahinter – so ein Psychologe – »steckt der Wunsch, wohliges Schauern symbolisch in die Wohnstube zu holen«. An »wohliges Schauern« erinnert etwa die englische »Vincent Black Lightening«, Baujahr 1925 und mit 250 km/h einst schnellste Maschine: Von acht Käufern hatte die Maschine damals sieben innerhalb weniger Wochen erschlagen.

Die Luftigsten

Warum fällt ein Zweirad nicht um, wenn es fährt? Weshalb kann ein Motorrad auf dem Hochseil einen Salto schlagen? Wie funktionieren Motorrad-Weitsprünge? Physikalisch läßt sich alles erklären, aber am Ende bleibt immer noch der Mut der Fahrer. So auch bei dem französischen Artisten Roger Cyrus, wenn er auf seinen Stahlmast klettert, um auf seiner „Peugeot" in einem Stahlring luftige Runden zu drehen.

»Als ich damit anfing, taten meine Freunde so, als sei ich nicht ganz richtig im Kopf. Aber heute stehen sie dabei und klatschen Beifall.« Der schlanke Franzose, der mit diesem Ausbruch sein Selbstbewußtsein demonstriert, heißt Roger Cyrus, ist 70 Kilogramm schwer und fährt ohne Versicherungsschutz Motorrad. Der Versicherung ist nämlich das Risiko zu groß bei dem, was Cyrus treibt und was ihm anfangs den Spott seiner Freunde eintrug: Jeden Nachmittag klettert er auf einen 35 m hohen Stahlmast, setzt sich in luftiger Höhe auf ein Motorrad, Marke »Peugeot«, und dreht dort oben einige 50 km/h – Runden in einem senkrecht aufgehängten Stahlring.

»Es ist ein Wunder, daß ich nicht runterfalle, aber es macht eben Spaß«, antwortet er schulterzuckend auf die Frage nach dem Risiko, das dem 31jährigen für jede Vorstellung eine Zuschauerkasse von 2 000 Mark einbringt. Doch hinter der Gänsehaut-Schau steckt ernsthafte Denkarbeit. Wochenlang brütete der Franzose über Kurven, Skizzen und Fachbüchern, bevor er sich in den Sattel der »Todesmaschine« schwang, wie knallbunte Werbeplakate die 175er ausweisen.

Warum ein Motorrad nicht umfällt, war die erste Frage, der Cyrus nachspürte. Damit suchte er allerdings eine Nuß zu knacken, die bislang sogar unter Wissenschaftlern als steinhart gilt.

Da hatte sich zum Beispiel 1970 der Engländer David E. H. Jones auf den Sattel seines Fahrrades geschwungen und war losgefahren, um nach einigen Metern schlingernder Fahrt scheppernd auf dem Asphalt niederzugehen – zum hellen Entzücken des Forschers, der gerade dieses Ziel erreichen wollte. Mit seiner Fahrrad-Konstruktion, so glaubte Jones, war ihm der Bau eines Zweirades gelungen, das nicht fährt. Es stellte sich nämlich bald heraus, daß sich gerade das weder einfach verwirklichen, noch erklären läßt. Auch der französische Hochmastartist Cyrus erhielt von Jones nur unbefriedigende Antworten, als er sich für dessen Untersuchungen interessierte. Kein Wissenschaftler hatte sich bislang mit der Frage beschäftigt, warum zweirädrige Vehikel sich relativ leicht in der Balance halten lassen und warum man etwa freihändig radfahren kann. Offen war die Frage, warum ein unbesetztes Zweirad, wenn es mit einem kräftigen Stoß gestartet wird, noch meterlang ohne umzukippen in der Spur bleibt. Keine technische Fachliteratur liefert bis heute eine plausibel klingende Erklärung für derart phänomenales Fahrverhalten. Jahrzehntelang ließen Zweiradhersteller Millionen von Fahr- und Motorrädern von den Montagebändern rollen, ohne auch nur zu ahnen, warum die Dinger fahren – vergleichbar einem Automobilproduzenten, der nicht weiß, wie ein Motor funktioniert. Und es bedurfte

der Neugier des Mr. Jones, im Hauptberuf Chemiker bei den britischen »Imperial Chemical Industrials«, der sich einfach nur so, aus reinem Wissensdrang dafür interessierte.

Von vorneherein war klar, daß nicht Studium der Fahrstabilität, sondern viel eher das Gegenteil bescheidene Aussicht auf Erklärung eröffnete. Systematisch ging Jones an den Bau von Anti-Fahrrädern. Aber schon das erste Modell machte deutlich, daß die Aufgabe nahezu unlösbar war. »hurdiable Bicycle« (URB) taufte der Forscher sein Vehikel, das eine gewisse Verwandschaft zu den Hochrädern des letzten Jahrhunderts aufwies, die nur mit akrobatischem Aufwand zu besteigen und zu fahren waren.

In Frankreich wurde 1878 ein Modell angeboten, dessen Vorderrad fast drei Meter hoch war. Der Fahrer benötigte fünf Stufen, um aufzusteigen. Weil ein normal gewachsener Mensch nicht bis zu den in der Vorderradnabe eingebauten Pedalen hinunterreichte, hatte man eine entsprechende Hebelübersetzung montiert, welche die Betätigung der Pedale ermöglichte. Merkmal dieser Entwicklung: Je größer das Vorderrad, um so schwerer ließen sich die Vehikel steuern. Und beim Sturzflug über die Lenkstange hinweg, damals allgemein als »Bauchlandung« bezeichnet, konnte man sich durchaus die Knochen brechen – um so ärgerlicher, als es zu den zeitgenößischen Lausbubenstreichen gehörte, eine Mütze in die Räder zu werfen oder Stöckchen in die Speichen zu stecken.

Den Amateurforscher Jones schreckten harte Landungen nicht. Ihn irritierte vielmehr, daß bereits sein erstes »URB« mehr hielt, als sein Name versprach, denn es war durchaus zu fahren. Jones vermutete, Vorder- und Hinterräder würden als eine Art stabilisierendes Kreiselsystem zusammenwirken und so bei ausreichender Geschwindigkeit fahrstörende Einflüsse, wie zum Beispiel den Seitenwind, ausschalten. Also baute er ein weiteres Versuchsmodell, bei dem ein drittes Rad quer zur Fahrtrichtung über dem Vorderrad montiert war und dessen Rotation die vermutete Kreiselstabilität der Räder eigentlich hätte neutralisieren müssen. Doch die Hoffnung trog, denn auch dieses »Dreirad« konnte Kurven drehen.

Ein weiteres Mal versuchte es Jones. Dieses Mal sollte sozusagen das Gegenstück von Modell Eins zum erfolgreichen Sturz führen, denn an die Stelle des Vorderrades erhielt diese Fahrmaschine nur eine Rolle von 2,5 cm Durchmesser eingesetzt, wie sie zum Fortbewegen schwerer Möbel verwendet wird. »Zwar war es schon schwieriger zu steuern, aber immerhin – es lief«, kommentierte Jones die Fahreigenschaften dieses Versuchsmodells. Nur konnte das Rad »Straßenhindernisse, die höher als 1,25 cm waren, nicht überwinden«. Überdies stellte Jones fest, daß die Rolle »bei höherer Fahrgeschwindigkeit rotglühend« wurde.

Nach einem weiteren erfolglosen Versuch, bei dem die Gabel einfach umgedreht war, bemühte der Engländer einen Computer. Das Modell mit der Umkehr-Gabel war nämlich tatsächlich schwer zu steuern, aber »nicht so knifflig, wie ich es erwartet hatte«, lautete Jones's Fazit. Nun sollte der Computer aus sämtlichen erreichbaren Daten wie Gewicht, Geschwindigkeit und Neigungswinkel nach Jones Wunsch »verrückte Räder aller Art herstellen«. Heraus kam schließlich ein normales Fahrrad, allerdings war das Vorderrad nicht mehr in die Gabel, sondern in einer Art Ausleger zehn Zentimeter weiter vorne eingehängt und lief somit vorneweg. »Zu meiner Freude«, jubelte Jones über das Computerprodukt, »fiel es, einmal angeschoben, sofort um«. Als sich jedoch der Forscher selbst auf den Sattel schwang, ging das Vehikel erst nach einigen Manövern zu Boden. Der entmutigte Wissenschaftler schränkte ein, seine Testserie könnte ihm inzwischen das Können eines Kunstradfahrers beschert haben, weshalb er selbst kaum fahrtaugliche Black-Monster noch leidlich beherrsche. Aber unter dem Strich blieb: Aus bislang unerklärlichen Gründen sind Zweiräder verblüffend fahrstabil.

Dieses Urteil beruhigte auch den luftigen Hochmastfahrer in Frankreich. Umfallen konnte er also nicht. Damit blieb nur noch die Gefahr, herunterzufallen. Dagegen steht freilich die Phy-

Der Artist klettert auf einen 35 Meter hohen Mast,
um seine Motorrad-Runden mit 50 km/h in einem
senkrecht aufgehängten Stahlring zu drehen –
möglichst ohne herunter zu fallen.

sik, die ähnlich den Steilwandfahrern in der »Senkrecht-Tonne« mit den Zuschauern ein fröhliches Volksfest feiert. Im Ring auf der Mastspitze ebenso wie an der Steilwand werden die Motorradartisten nämlich von der immer vom Kreismittelpunkt auswärts wirksamen Fliehkraft auf die Fahrbahn gepreßt. Ihr Gewicht – in der Fachsprache als Schwerkraft bezeichnet – zieht sie allerdings gleichzeitig zurück zum festen Boden, in Richtung Erde. An Fahrer und Maschine zerrt also einmal dieselbe Kraft, die beispielsweise die Wäsche an die Innenseite einer Wäscheschleuder preßt, und außerdem jene Kraft, die jeden Menschen irgendwann einmal auf die Nase fallen läßt. Ein labiles Gleichgewicht zwischen beiden Kräften stellt sich etwa in Kurven ein, vorausgesetzt, der Fahrer geht weit genug in die Neige. Damit erreicht er, daß Fahrer und Maschine umzufallen drohen, also eine Kraft senkrecht abwärts wirksam wird. Und da gleichzeitig die Fliehkraft nach außen zerrt, hängt die schräge Motorrad-Fahrer-Kombination exakt in der Mitte zwischen Schwerkraft abwärts und Fliehkraft kurvenauswärts. Schafft ihn die Angst vor der Schräglage, überwiegt die Fliehkraft und er fliegt aus der Kurve. Überzieht er seinen Mut und hängt sich mehr als die Geschwindigkeit erlaubt in die Kurve, kippt er um.

Genau dasselbe ereignet sich sinngemäß auch an der Jahrmarkt-Steilwand, denn sie ist nichts anderes als eine geschlossene Kurve. Reicht die Fliehkraft nicht mehr aus, das Gewicht von Maschine plus Fahrer an die runde Wandpiste zu kleben, purzelt alles abwärts – die Schräglage ist bereits so total, wie sie nur sein kann, nämlich parallel zur sicheren Erde. Und ebenso funktioniert die Fahrphysik auch in dem französischen Looping-Ring, der wiederum eine um neunzig Grad gekippte Steilwand darstellt. Freilich treiben Fliehkraft und Erdanziehung an der Mastspitze mit dem Gallier Cyrus ein wechselhaftes Spiel. Denn ganz oben und ganz unten, in den Scheitelpunkten der Ringpiste, zerren die zugleich stärksten und gegensätzlichsten Kräfte am todesmutigen Roger. Unten wird die allzeit ringauswärts wirksame Fliehkraft durch die in diesem Augenblick gleichgewichtige Erdanziehung verstärkt: Weil die Schwerkraft der Erde nach unten zieht und die Fliehkraft in der Ringbasis ebenfalls abwärts zerrt, ist der Fahrer für den Bruchteil einer Sekunde seinem Absturz besonders nahe. Nur die fünf Millimeter Eisengitter der Ringbahn hängen zwischen Dunlop-Pneu und 35 m freiem Fall.

Am höchsten Punkt des Ringes wirken Flieh- und Schwerkraft einander entgegen. Fährt Cyrus zu langsam, erzeugt er zu wenig Fliehkraft und die Erdanziehung überwiegt – er stürzt ab. Fährt er zu schnell, bleibt er zwar im sicheren Ring, aber irgendwann werden ihm die Sinne schwinden, weil der Knatterring dann genauso wirkt wie die Testzentrifuge, mit denen amerikanische Astronauten bis zur Ohnmacht im Kreis herumgeschleudert werden. Doch solange Cyrus die Grundregel im Kopf und das feine Gefühl in seiner Gashand behält, daß er gerade so schnell fahren muß, um die Fliehkraft und die Schwerkraft auszugleichen, kann ihm nicht viel passieren.

Einmal angenommen, der Ring hätte einen Durchmesser von drei Metern – tatsächlich sind es mehr – und der Fahrer würde seine Loopings mit 36 km/h drehen: Dann wird der gemeinsame Schwerpunkt von Mensch und Maschine mit rechnerisch genau dem 5,4-fachen Gewicht gegen den höchsten Punkt der 70 cm breiten Piste gepreßt. Die Erdanziehung zieht ihn dabei nur mit einfachem Gewicht abwärts. Da Cyrus 70 kg und das Motorrad 100 kg auf die Waage bringen, rammen sie mit 170 kg und 4,4-facher Schwerkraft gegen den Gipfelpunkt, werden mithin von einer Dreiviertel Tonne gegen die Fahrspur gedrückt.

Noch besser funktioniert diese physikalische Lebensversicherung im unteren Scheitelpunkt. Da sich hier, wie gesagt, Flieh- und Schwerkraft summieren, kleben Fahrer und Maschine mit rund einer Tonne am tiefsten Ringpunkt. Bei 36 km/h legt die Maschine 10 m/sec zurück, rotiert also mehr als einmal. Damit erlebt Cyrus mindestens zweimal in Ringhöhe und Ringtiefe seinen sichersten und gefährlichsten Augenblick. Doch in Wirklichkeit bleibt ihm gar keine Zeit, diese beiden Fahrsituationen zu unterscheiden: »Wenn ich fahre, sehe ich nur bunte Wirbel. Die Angst ist längst verflogen. Dafür habe ich das Ganze schon viel zu oft gemacht, etwa zweitausendmal. Die Lenkung ist blockiert, da kann nichts schiefgehen. Die Maschine fährt immer stur geradeaus, bergauf und bergab. Oder besser ›ringauf und ringab‹. Ich kann nur beten, daß der Motor nicht mal schlapp macht«.

Daß er sich nicht auf diese Weise das Genick bricht, dafür sorgt Cyrus eigenhändig vor jeder Vorstellung. Jedesmal werden sämtliche im Wortsinn lebenswichtigen Teile der Maschine überprüft, Zündung kontrolliert, Luftdruck gemessen, Schrauben nachgezogen. Nichts soll dem Zufall überlassen bleiben.

»In der ersten Zeit habe ich im Traum manchmal meine eigene Todesanzeige in der Zeitung gelesen«, erzählt der vorsichtige Artist. »Warum soll ich das nicht zugeben: natürlich hatte ich auch Angst. Aber das ist nicht anders, als würde man sich auf ein Pferd setzen. Beim erstenmal ist das noch ein bißchen unheimlich, dann gewöhnt man sich daran«.

Der Kopf, aus dem diese Gedanken stammen, macht die Todesfahrten auf ganz besondere Weise mit. Nicht in allen Punkten des Fahrringes herrschen nämlich dieselben physikalischen Bedingungen. Es ist etwa so, als wäre ein gewöhnlicher, fest mit beiden Beinen auf der Erde stehender Mensch mit seinen unteren Körperteilen leichter als mit Kopf, Brust und Armen. Oder umgekehrt. Genau das ist bei dem Franzosen der Fall. Weil der Kopf des auf seiner Maschine sitzenden Fahrers immer jenseits vom Mittelpunkt des Rundkurses bleibt, zieht die Fliehkraft beispielsweise die Beine in die eine, den Kopf in die entgegengesetzte Richtung. Kurvt der Kopf dabei in einem Kreis von einem Meter Durchmesser, wird er durch die ihn kreisauswärts zerrende Beschleunigung viermal schwerer. Cyrus Kopf wiegt normalerweise acht Kilo, während der Kreisfahrt dagegen droht er mit einem Gewicht von 30 kg davonzufliegen.

Solche Feinheiten sind für nahezu jede Stelle der Fahrer-Motorrad-Kombination gültig. Der Schwerpunkt von Motorrädern liegt mit Rücksicht auf gute Fahreigenschaften gewöhnlich möglichst tief, etwa mitten im Motorblock. Der Mensch, höher und schmaler als ein langes und niedriges Motorrad, muß sich dagegen mit einem Schwerpunkt mindestens in Hüfthöhe zufrieden geben. Schwerpunkte im Mastring haben es allerdings in sich: rechnerisch gemeinsames Zentrum aller unter verschiedenen Einflüssen von Erdanziehung und Beschleunigungskräften stehenden Teilen, packt die Fliehkraft am weiter ringaußen liegenden Motorradschwerpunkt energischer zu als am mehr zur Ringmitte gerückten Gewichtszentrum des Fahrers. Von diesem winzigen, aber wichtigen Unterschied droht Gefahr.

Da dreht nämlich das Motorrad mit seiner tiefen Schwerpunktlage brav seine stabilen Loopings auf der Ringbahn und haftet dabei fest auf dem Eisenband. Cyrus sitzt dagegen höher – so hoch, daß sein Schwerpunkt in der Gesäßgegend noch höher als der Kreismittelpunkt liegt. Mit anderen Worten: Wird die Maschine auf der einen Seite von der Fliehkraft gegen das Pistenband gepreßt, wird Cyrus's Schwerpunkt von der jenseits des Kreismittelpunktes entgegen gerichteten Fliehkraft gepackt und droht somit aus dem Sattel gerissen zu werden. Da er dabei gut sechs Zentner wiegt – siehe vorne – und mit der Gewalt dieses Gewichts von der Maschine zu fliegen droht, könnte ihn auch ein noch so hartnäckiger Griff an den Lenker nicht vor dem Absturz retten. Nur ein kräftiger Strick zwischen Motorrad und Hüftgürtel schützt vor dem Physikunfall. Fahrer und Maschine werden auf diese Weise zu einer Schwerpunkteinheit zusammengehalten.

Die Gewalt, mit welcher Cyrus durch den Ring am haushohen Mast donnert, erklärt auch die vier fingerdicken Halteseile, die ein zu kräftiges Rütteln an der Konstruktion verhindern sollen. Gewöhnlich schlägt der Stahlmast jedesmal um zwanzig bis dreißig Zentimeter aus, wenn Cyrus die eine Ringseite hinauf oder die andere hinun-

Schwerkraft und Fliehkraft halten den Mast-Artisten in seinem Stahlring, wie etwa ein Steilwandfahrer an der Wand seiner „Tonne" klebt, so lange er nur schnell genug ist und durchhält.

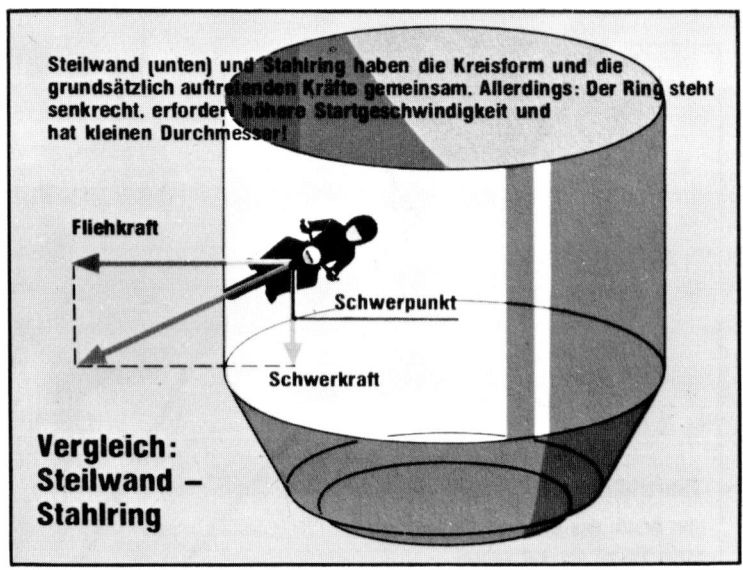

Steilwand (unten) und Stahlring haben die Kreisform und die grundsätzlich auftretenden Kräfte gemeinsam. Allerdings: Der Ring steht senkrecht, erfordert höhere Startgeschwindigkeit und hat kleinen Durchmesser!

Fliehkraft

Schwerpunkt

Schwerkraft

**Vergleich:
Steilwand –
Stahlring**

terrollt und dabei den Tonnendruck wirksam werden läßt. Weil aber der Mast nicht nur ein einziges Mal ausschwingt, sondern gleich einer Rute pendelt, wäre es denkbar, daß die Maschine gerade in dem Augenblick eine Ringseite erreicht, wenn der Mast wieder ausschlägt: Der Mast schlägt zwanzig Zentimeter nach rechts aus und Cyrus erreicht die rechte Ringseite, der Mast biegt sich zwanzig Zentimeter nach links und der Gallier fährt über die linke Ringseite. Die Konsequenz wäre ohne Sicherung tödlich für Fahrer samt Konstruktion. Sie entspräche einem Uhrpendel, das jeweils in dem Augenblick neu angestoßen wird, da es den größten Ausschlag erreicht. Die Schwingbewegung würde nicht nur aufrechterhalten, sondern zunehmend stärker. Am Ende müßte die ganze Uhr um den Nagel rotieren, an dem sie aufgehängt ist. Und Cyrus's Mast müßte immer stärker ausschlagen, bis am Ende die ganze filigrane Konstruktion in sich zusammenbrechen würde. Das sollen die Halteseile verhindern.

Und sie tun es. Denn tatsächlich zappelt der Mast nicht bei jeder Ringumdrehung der Maschine, also etwa zweimal pro Sekunde, sondern nur alle vier Sekunden einmal nach jeder Seite. Die Taue bremsen die Zappelbewegung. Kritisch an dem ganzen Unternehmen ist eigentlich nur der Start. Nur dann erreichen Fahrer und

Motorrad genügend Fliehkraft und übertreffen jene »zurück zur Erde« strebende Erdschwere, wenn auf Anhieb mindestens 36 km/h erreicht werden. Ist Cyrus, etwa wegen eines »Verschluckers« seiner Maschine, nur halb so schnell, stürzt er ab. Deshalb hören die Zuschauer auf der sicheren Erde vor Beginn der Vorstellung ein donnerndes Aufröhren der Maschine, deren Fahrgang bereits bei über 6 000 U/min krachend einrastet. Dann schiebt Cyrus sein Vehikel einen halben Meter »bergauf«, läßt die Kupplung sausen und schafft dann mit Schwung den ersten Purzelbaum.

Bisher hat das immer geklappt. Deshalb ist es kein Wunder, daß der Gallier unausgesetzt an seinem luftigen Zweirad-Job poliert. Im Twen-Alter von 18 Jahren ging er zum ersten Mal in die Luft, damals noch bei einem Kollegen, der sich den Gag hatte einfallen lassen und damit über die Dörfer zog. »Damals hätte mir meine Mutter am liebsten vor Angst den Hals umgedreht, weil sie wohl dachte, ich fiele besser einem Mord zum Opfer als von dem verdammten Mast«, erinnert er sich heute.

Auch heute noch wagt Mutter Cyrus nicht, sich eine Vorstellung ihres aus der Reihe geratenen Sohnes anzusehen. Und ihre Angst ist verständlich, denn er arbeitet ohne Trick: »Die Leute glauben, ich hätte magnetische Schuhsohlen.«

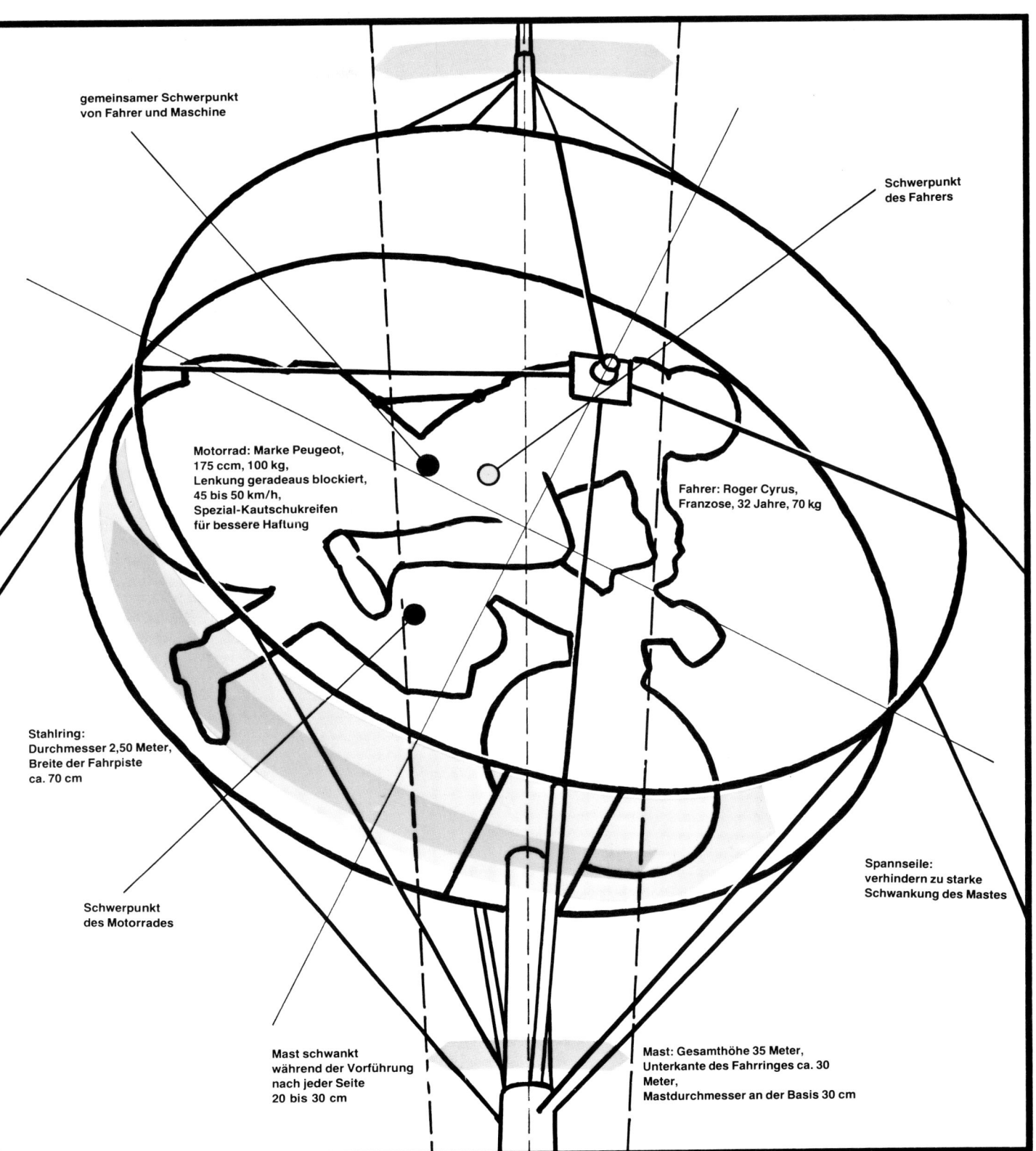

gemeinsamer Schwerpunkt
von Fahrer und Maschine

Schwerpunkt
des Fahrers

Motorrad: Marke Peugeot,
175 ccm, 100 kg,
Lenkung geradeaus blockiert,
45 bis 50 km/h,
Spezial-Kautschukreifen
für bessere Haftung

Fahrer: Roger Cyrus,
Franzose, 32 Jahre, 70 kg

Stahlring:
Durchmesser 2,50 Meter,
Breite der Fahrpiste
ca. 70 cm

Schwerpunkt
des Motorrades

Spannseile:
verhindern zu starke
Schwankung des Mastes

Mast schwankt
während der Vorführung
nach jeder Seite
20 bis 30 cm

Mast: Gesamthöhe 35 Meter,
Unterkante des Fahrringes ca. 30
Meter,
Mastdurchmesser an der Basis 30 cm

89

oberer Ringpunkt: Fliehkraft und Erdanziehung wirken einander entgegen,
Fliehkraft nach oben, Erdanziehung
nach unten; wirksam ist daher nur die
Differenz aus beiden Kräften

auf halber Höhe: da hier die Fliehkraft
zwar voll, aber die immer abwärts ge-
richtete Erdanziehung nur teilweise
wirksam ist, ist der Fahrer hier nur
teilweise den Kräften ausgesetzt

Fliehkraft und Erdanziehung wirken im
unteren Ringpunkt in die gleiche Richtung – abwärts. Daher ist der Fahrer
hier den stärksten Kräften ausgesetzt.

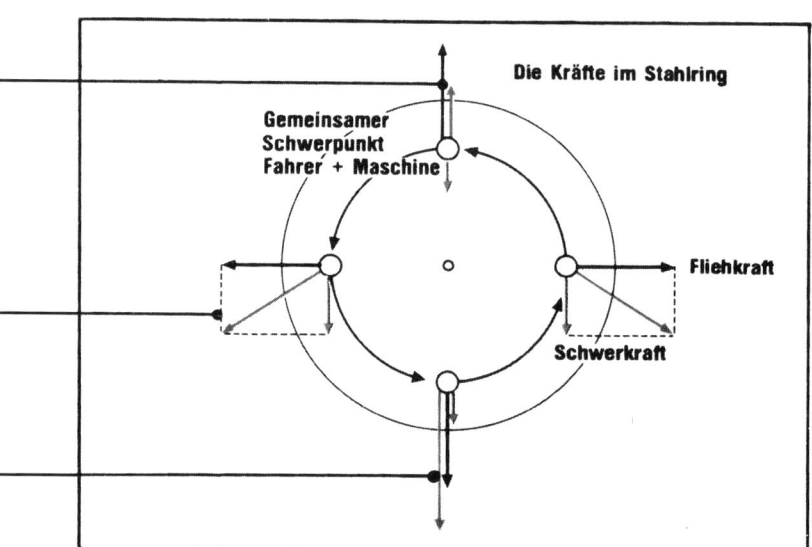

Die Kräfte im Stahlring

Gemeinsamer
Schwerpunkt
Fahrer + Maschine

Fliehkraft

Schwerkraft

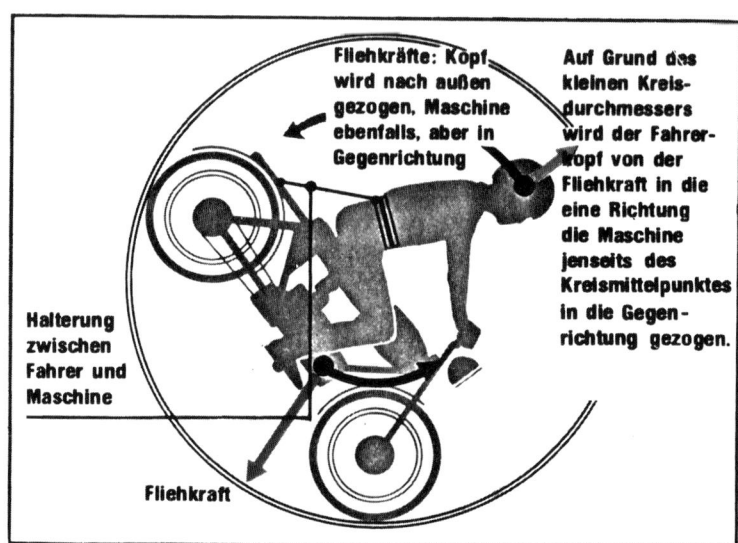

Fliehkräfte: Kopf
wird nach außen
gezogen, Maschine
ebenfalls, aber in
Gegenrichtung

Auf Grund des
kleinen Kreis-
durchmessers
wird der Fahrer-
kopf von der
Fliehkraft in die
eine Richtung
die Maschine
jenseits des
Kreismittelpunktes
in die Gegen-
richtung gezogen.

Halterung
zwischen
Fahrer und
Maschine

Fliehkraft

Der Grund, warum der Artist seine Runden in der
Ringbahn drehen kann, ist bei genauer physikali-
scher Betrachtung etwas kompliziert. Erdanziehung und Fliehkraft wirken auf die Schwerpunkte
von Fahrer und Maschine, und einmal ist der
Fahrer so „schwer" wie ein Astronaut bei der
Beschleunigung seiner Mondrakete, dann wieder
nimmt er einige Kilo ab, wenn im höchsten Punkt
des Rings die Fliehkraft der Erdanziehung entgegen wirkt.

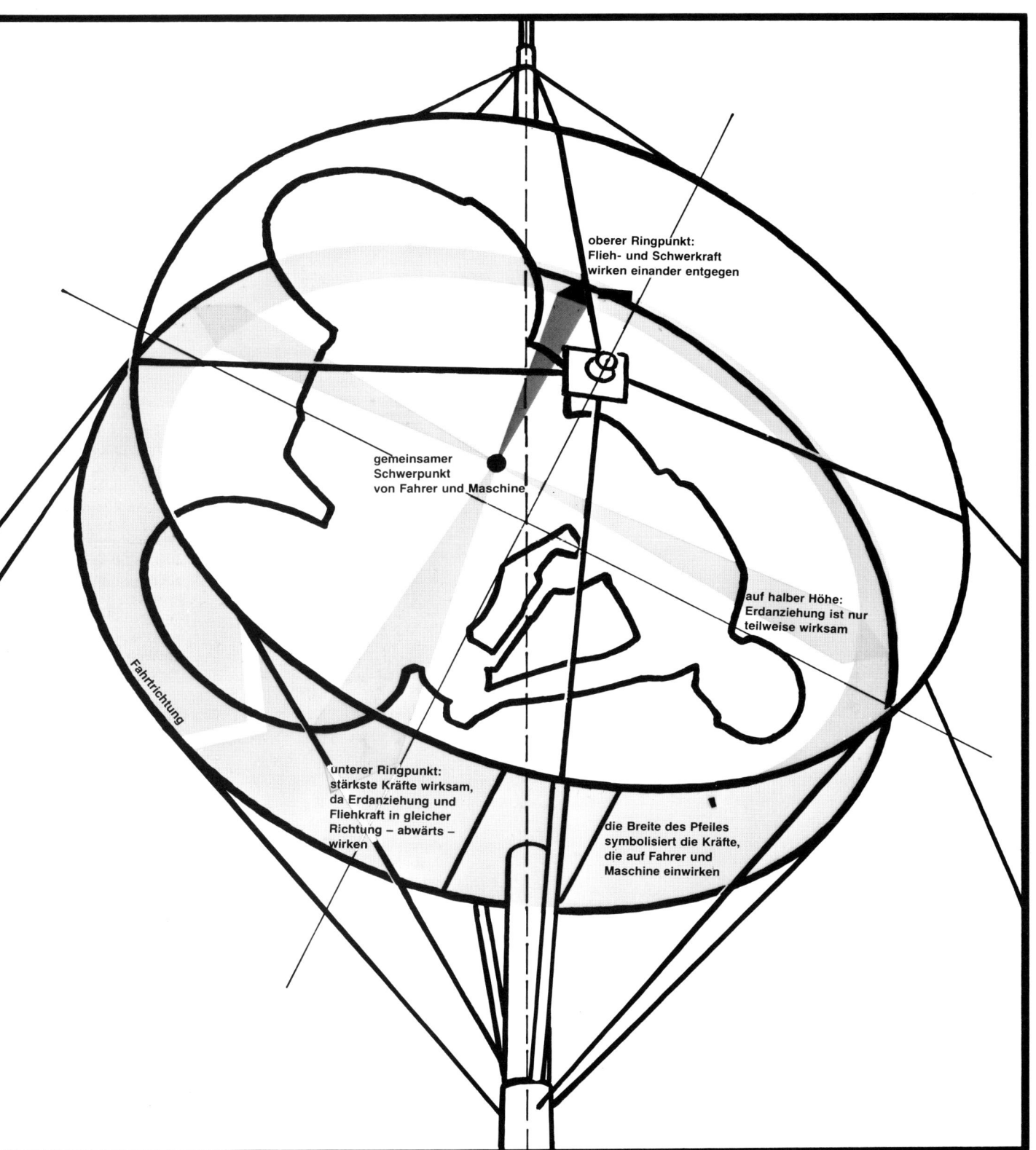

oberer Ringpunkt:
Flieh- und Schwerkraft
wirken einander entgegen

gemeinsamer
Schwerpunkt
von Fahrer und Maschine

auf halber Höhe:
Erdanziehung ist nur
teilweise wirksam

Fahrtrichtung

unterer Ringpunkt:
stärkste Kräfte wirksam,
da Erdanziehung und
Fliehkraft in gleicher
Richtung – abwärts –
wirken

die Breite des Pfeiles
symbolisiert die Kräfte,
die auf Fahrer und
Maschine einwirken

91

Motorrad-Trick auf dem Hochseil: Der Untermann schaukelt (links oben), vom Fahrer unterstützt (links), bis der Überschlag gelingt (oben).

Deshalb wagt Roger Cyrus auch heute noch nicht, über die Zukunft seines Jobs laut nachzudenken. Wie es sich für arrivierte Artisten ziemt: Er läßt nachdenken. Freunde machten ihm den Vorschlag, er solle doch beispielsweise einmal mit dem Motorrad von einer Rampe im Pariser Zentrum den Seine-Fluß überspringen. Von einem Ufer zum anderen, das errege Aufsehen und bringe Geld in die Kasse. Bekanntlich hätte auch der Amerikaner Evel Knievel 13 Londoner Autobusse übersprungen, der Franzose Alain Prieur sei durch eine zehn Meter lange Feuerspur gejagt, und in der Bundesrepublik Deutschland habe der 30jährige Motorradprofi Jürgen Baumgarten den an dieser Stelle 64,5 m breiten Elbe-Lübeck-Kanal übersprungen – beim Aufprall mit 140 km/h überschlugen sich Fahrer und Maschine ein paarmal, doch Baumgarten blieb unverletzt.

Auch die physikalische Erklärung der zweirädrigen Weitsprünge lieferten die Berater ihrem auf wissenschaftliche Genauigkeit erpichten Schützling: Weil alle Dinge, die sich bewegen, dies geradlinig tun, solange ihnen kein Hindernis in die Quere kommt, saust auch ein mit hoher Geschwindigkeit bergauf fahrendes Motorrad erst einmal über die Hügelkuppe, bevor es von der Erdanziehung wieder auf festen Boden zurückgeholt wird. Der Schanzensprung entspricht einer solchen Hügelkuppe. Das eigentliche Kunststück besteht alleine darin, Absprungwinkel und Startgeschwindigkeit genau genug auszurechnen und einzuhalten, um tatsächlich ausreichend weit zu fliegen. Dann folgt allerdings das wirkliche Kunststück: die Landung.

Die schien auch den wahrlich nicht ängstlichen Roger Cyrus zu schrecken, denn er wandte sich bald wieder seiner alten Idee zu, auf einem Hochseil mit dem Motorrad und einem darunter hängenden Partner einige Saltos um Seil und Längsachse zu veranstalten. Doch es blieb bei dieser Idee, denn schon zu viele Motorradartisten hatten diesen Gag bereits in ihrem Schau-Programm.

In München demonstrierte 1973 die Oskani-Stey-Truppe auf einem 800 m langen, zwischen Olympiastadion und -turm gespannten Seil ihren »Todessalto«. Mit vier Tonnen Zuggewicht war die 14 mm starke Trosse gespannt, hing aber trotzdem allein durch ihr Eigengewicht 40 m durch und schwang unter dem Winddruck jeweils acht Meter nach jeder Seite. Während die Maschine, eine Zündapp mit 250 cm^3 und 16 PS, auf der 16 mm breiten Rille des in die Felgen vulkanisierten Gummibelags über das steil aufwärts gespannte Seil rollte, durfte dort allerdings kein Lüftchen wehen. Mit 35 km/h donnerten die Artisten via TV-Turm. Auf freier Strecke machten sie Halt und sich zum Höhepunkt bereit: Exakt im Gleichgewicht befinden sich die 350 Kilo aus Maschine plus Fahrer über sowie Schaukel und Partner unter dem Seil. Dann beginnt der Untermann zu schwingen – eine geringe Gewichtsverlagerung genügt bereits, um Maschine nach unten und Schaukel aufwärts durchdrehen zu lassen. Das Kunststück besteht darin, den dreifachen Überschlag wieder rechtzeitig abzubremsen. Gelungen ist das bisher immer. Angst haben die Artisten eigentlich nur, daß die Bremsen ihrer Maschine auf dem bis zu 20 Grad steil gespannten Seil einmal versagen könnten: »Dann ginge es ohne Halt abwärts, und was dann unten passiert, kann sich jeder ausrechnen«, meinte der Oskani-Chef.

Weshalb sie dann Sturzhelme tragen, ist bis heute nicht geklärt – there is no business like show business. Jedenfalls weigern sich die Versicherungsgesellschaften bei den Oskanis ebenso wie bei Roger Cyrus, das Risiko zu übernehmen. Das scheint bislang auch den Franzosen von seiner Drahtseilnummer abgehalten zu haben. Jedenfalls blieb er bislang auf seinem schwankenden Looping-Mast und zuckt auf die Frage, wer denn nun eigentlich das luftigste Motorrad fahre, nur gleichgültig mit den Schultern: »Nicht auf die Höhe kommt es an, sondern darauf, was dort oben geboten wird. Das Ergebnis ist doch dasselbe, ob man aus 20 oder 35 m Höhe herunterfällt. Und schließlich bin ich mir über das Risiko völlig im klaren – mehr kann man bei dem Job nicht tun.«

Die Schönsten

Schönheit bei Motorrädern ist heute eher eine Funktion der PS-Leistung als Ausdruck ästhetischer Formen. Das war nicht immer so. Maschinen wie die amerikanische „Cleveland" von 1922 (rechts) mit vier Zylindern und 600 ccm, galten einmal als Inbegriff der Schönheit.

Über Geschmack läßt sich streiten, denn Geschmack entscheidet, welches Motorrad als schön zu gelten hat. Als BMW im Sommer 1976 die neue 100er Serie der Öffentlichkeit vorstellte, war für die Bayern die entscheidende Frage nach dem Motto »Spieglein, an der Wand, wer ist die Schönste im Land« entschieden: die cockpitverkleidete R 100 RS. Die Kundschaft allerdings krankte plötzlich an einem geheimnisvollen Augenleiden – sie schielte. Sie schielte mit einem Auge auf die neue »RS«, mit dem anderen auf den Alt-Star R 90 S. Ihr Preis, so munkelte die Fahrergemeinde, werde in Zukunft den ehemaligen Kaufpreis überholen. Die »90 S« hätte ähnliche Aussichten wie der berühmte Flügeltüren-Mercedes, als kostspielige Antiquität ins Arsenal der Sammler einzugehen, denn in Wahrheit gebühre noch immer ihr der Miss-Titel: »Klarheit der Form, gelungener Kompromiß zwischen traditioneller Technik und funktioneller Ästhetik sind bei ihr besser verwirklicht als bei jedem anderen BMW-Modell bislang«, begründete ein Fan seine Schönheits-Wahl.

Die Fans jedoch gelten als, wie BMW-Designer Hans A. Muth meint, »ein sehr, sehr konservatives Völkchen, was an der ganzen Geschichte des Motorrades liegt. Motorräder waren schon immer die heiligen Kühe, die gestreichelt wurden, die alle ihre Fehler hatten, ihre Tücken und guten Seiten. Aber die nahm man hin. Man reparierte das Ding. Und wenn man selbst heute noch alte Kameraden hört oder in Zeitschriften blättert, dann findet man renomierte Motorradschreiber, die sich weinend in den Armen liegen, weil sie das Ding zwischen München und Mannheim 25mal repariert haben. Man mußte ölverkrustet und völlig verdreckt ankommen, dann war man in. Aber das scheint sich langsam zu ändern«.

Langsam! Denn noch immer gilt nach Ansicht des Designers Luigi Colani die »Trivial-Philosophie, je mehr Zylinder, desto mehr Auspuffrohre, je schöner ein Motorrad, desto mehr Frauen steigen auf den Sozius«. Wirklich schön waren laut Colani die Motorräder von früher vielleicht

einmal: »Das Motorrad ist heute eine Karrikatur dessen, was vor 30, 40, 50 Jahren intelligente Europäer einmal wollten. Kaufen Sie doch mal eines von diesen Glimmericks, von diesen überladenen Glitzergeräten und fahren Sie zwei Stunden von A nach B. Dann sieht es aus, als wäre es zwei Jahre alt. Und Sie kriegen es nie mehr sauber. Warum hat man den Begriff »pflegeleicht« erfunden? Beim Motorrad müßte es doch längst die Monocoque-Konzeption geben oder die einseitige Gabel, die einen Schnellwechsel des Rades ermöglicht, den besseren Sattel, der verbesserte Schutz des Fahrers, einen tieferen Schwerpunkt – alles Dinge, die es vor 30, 40 Jahren schon einmal gegeben hat.«

Die nostalgische Kritik des zornigen Formgestalters steckt im Detail. Und Detailpflege betrieben die Väter des Motorradbaus in der Tat liebevoller als ihre progressiven Söhne.

Alt sind etwa die Versuche, den Rahmen anstelle des schon frühzeitig entwickelten Satteltanks als Kraftstoffbehälter zu verwenden. Die Karlsruher »R.S.«, die »Spiegler« aus dem württembergischen Aalen ebenso wie die »T.X.« oder die 129-cm^3-»Böhme« aus dem Berlin der zwanziger Jahre pflegten das Prinzip, Benzin in Rahmenholme und nicht in besonders dafür vorgesehene Kistchen zu füllen. Die Altenburger »M.W.« – Modelle besaßen nicht nur den Rahmenrohr-Tank, sondern auch noch Rahmenteile aus dem modernen Werkstoff Elektron. Und überhaupt kein oberes Rahmenrohr besaß die zwischen 1923 und 1925 in Schwerin gebaute »Koster« mehr, weil der viereckige Tank direkt zum Steuerkopf führte. Außerdem dürfte die »Koster« zusammen mit der Berliner »Wegro« zu den ersten Motorrädern zählen, die auf Vollscheibenrädern daherkamen.

Für seine besonders körpergerechten Sattelformen waren die »Neander« -Modelle berühmt, die ab 1923 gebaut wurden – man saß auf mit ledernen Luftkissen gepolsterten Blechplatten. An dieser Idee war mit Fritz Cockerell der Konstrukteur des wohl ungewöhnlichsten und gleichzeitig bestdurchdachten Motorrades der Frühzeit beteiligt. Bei seiner »Megola« waren nicht nur Tank, Sattel und Werkzeugbehälter in den geschweißten Kastenrahmen integriert, überdies galten die leicht auswechselbaren Zylinder des Radmotors sowie die Steckschläuche als besonders reparaturfreundlich.

Wie offenbar die damaligen Motorradbauer überhaupt gründlich über die Rahmenkonstruktion nachdachten: Die 1926 in Minden gebaute »Hoco« ebenso wie die Berliner »Bekamo« waren Beispiele für das hohe Niveau im Schreinerhandwerk – ihr Rahmen bestand aus Eschenholz. Bescheidenste Ansätze zum Fahrgestell aus einem Guß zeigten die Kasten-Konstruktionen bei »Hoco« oder »Mars«. Einen fast revolutionären Schritt weiter gingen die nie um Einfälle verlegenen Brüder Windhoff in Berlin: Ähnlich der selbsttragenden Karosserie im Automobilbau, konstruierten sie 1927 ihre Vierzylinder derart, daß der Motor unmittelbar mit dem Steuerkopf einerseits und der Hinterradgabel andererseits verschraubt war – einen echten Rahmen gab es also nicht mehr.

Was solche Technik-Finessen mit der Schönheit eines Motorrades zu tun haben? Die Antwort bleibt unschlüssig: Anders als im Automobilbau, wo die Karosserie schon frühzeitig als optische Außenhaut eine wichtige Rolle spielte, wurde das Erscheinungsbild von Motorrädern viel stärker von der puren Technik zwischen den beiden Rädern geprägt. Doch es bleibt beispielsweise

ein Gegenstand individuellen Geschmacks, ob BMW nicht vor 1937 viel schönere Rahmen gebaut hat, als man noch mit gepreßten Stahlformteilen hantierte wie etwa bei Ernst Hennes 750 cm^3-Weltrekordmaschine. Zweifellos scheiterten die Alten dabei oft genug an ihrer noch ungenügenden Technik, denn natürlich hatten vor der Einführung der eleganten Scheibenbremsen die wuchtigen Trommeln in den Radnaben einer NSU von 1931 einen entscheidenden Einfluß auf die Optik.

Doch was die Urväter ehemals nicht konnten, scheitert bei den Söhnen an mangelnder Bereitschaft. Nur ganz vorsichtig lassen sich Motorradhersteller in unseren Tagen auf wirklichen Fortschritt ein – freilich nur selten an der Maschine selbst, weit häufiger beim Zubehör. Super-Sturzhelme mit Luftkissenpolster samt Bordfunk zwischen Fahrer und Sozius, Kleidung in Signalfarben, rutschfeste Handschuhe mit wärmeisolierenden Metallfolien rangieren in der Regel über konzentrierter Denkarbeit am Vehikel.

So wirkt sich bei keinem anderen Verkehrsmittel die Muskelkraft so entscheidend auf die Sicherheit des Fahrers aus wie beim Griff an den Motorradlenker. Und bei keiner anderen Motorenkonstruktion lassen sich die Pferdestärken nur durch einen ähnlich harten und fortgesetzten Zugriff zügeln. Aber bis heute werden die meisten Motorräder allein mit kleinem und Zeigefinger gefahren: Die Mehrzahl der verwendeten Griffformen verhindert, daß alle Finger kräftig zupacken können. Rund vierzigmal in jeder Minute bewegt der Fahrer rechtshändig den Gasdrehgriff, während gleichzeitig die Muskeln der linken Zupackhand ermüden und Schweiß den Griff lockert. Doch die etwa vom REFA-Institut Baden-Württemberg entwickelte und »kraftschlüssige« Lenkergriffform fällt bei den meisten Motorradherstellern noch immer der Gleichgültigkeit gegenüber Detailfragen zum Opfer.

Damit ist historischen und modernen Zeiten im Motorradbau ein Phänomen gemeinsam: Zwar hat sich inzwischen herumgesprochen, daß

Motorräder der Zukunft, wie sie nach Meinung französischer Motorrad-Futurologen aussehen könnten, mit Wankelmotor, Vollverkleidung und Gepäckhänger (oben). Als diese Zeichnungen in den 60er Jahren entstanden, waren Vollspeichenräder in der breiten Öffentlichkeit noch unbekannt. Heute gehört dieses Stück Zukunft schon zum Alltag (links).

97

»Design« mehr ist als die Gestaltung schöner Außenflächen (s. S. 109), doch heute wie damals bestimmen Motorentechniker oder Fahrgestell-Experten viel deutlicher Form und Detail einer Maschine als Formgestalter.

Auch Hans A. Muth bestätigt: »Ich weiß auch von anderen Marken, daß Motorräder noch sehr stark von Ingenieuren beeinflußt werden. Anders kann ich mir den Krautgarten nicht erklären, der bei so vielen Maschinen vorherrscht. Ich glaube, im Augenblick ist Yamaha die einzige Firma, die ein einigermaßen geschlossenes Programm vorweisen kann. Ich weiß zwar nicht, ob das an den Streifen liegt, die da an der Seite draufgemalt werden, aber insgesamt macht man dort doch wohl ›Da-kann-nichts-schiefgehen-Modelle‹. Auf diesem Gebiet ist noch viel nachzuholen, und zwar flink.«

Muth zögert auch nicht, gleich die Begründung dafür zu liefern: »Ich sehe nicht ein, daß heutzutage ein Mann, der wenig Zeit für sein Hobby hat, der streßgeplagt nach Hause kommt, sich am Sonntagmorgen erst abmühen muß, bis er seine Maschine fahrbereit hat, an dem Ding reparieren und die Instrumente suchen muß. Ein Objekt, das zehntausend Mark kostet, da muß man sich draufsetzen können, um seinen vollen Spaß zu haben. Man muß beim Motorrad alles das wiederfinden, die Nüchternheit und Vernunft, die man vom Auto gewohnt ist. Und da wir bei BMW Autos und Motorräder bauen, sehe ich hier einen ganz deutlichen Zusammenhang. Ich habe mich auch beim Auto bemüht, nicht einfach durch Holz oder Zierleistchen ein bißchen Atmosphäre zu vermitteln.«

Die Vorstellung vom »schönen« Motorrad wird damit vom Abstellgleis der Nur-Ästheten auf die Hauptstrecke sachlicher Zweckmäßigkeit geschoben. Und dabei kommt der weiß-blauen Traditionsmarke zweifellos das Verdienst zu, dem Markt einen Impuls verpaßt zu haben, nicht nur mit dem Cockpit der R 100 RS. »Als wir begangen«, räumt Muth ein, »war es uns gut genug, einen Schalter mal rot oder grün zu spritzen und die Lackierung zu ändern. Aber es gibt noch viele Dinge, die man zusammenfas-

sen, vereinfachen, zweckmäßiger für den Fahrer gestalten kann. Der hat doch gar keine Zeit, nach unten zu sehen. Was ein Autofahrer mit den Füßen macht, das macht ein Motorradfahrer gleichzeitig mit Füßen und beiden Händen. Und dann finde ich es einfach nicht richtig, wenn der Mann anfangen muß zu suchen. Der soll fahren und dabei wirklich auf seine Kosten kommen – vom Spaß, von der Sicherheit und der Beherrschbarkeit der Maschine her. Um dorthin zu kommen, ist mehr notwendig als eine bessere Technik. Das hat mit besserer Bedienbarkeit, besserer Anatomie, aber natürlich auch mit Technik zu tun. Der Motor zum Beispiel braucht einen gewissen Raum. Dann kommt die Frage des Schwerpunktes dazu. Dann brauchen wir eine bestimmte Menge Benzin, nicht 18 Liter, sondern 24, 26 wären besser, 28 Liter optimal. Wohin mit dem Tank? Nur ein gewisser Raum steht dafür zur Verfügung. Aber ob dieser Raum unbedingt so aussehen muß wie unsere heutigen Tanks, die wir oben draufklatschen? Und dann wird da noch eine schöne Linie draufgemalt und das ist dann das Image des Motorrades, das ›Gesicht‹. Das ist falsch! Meines Erachtens ist das Gesicht immer noch vorne. Auch beim Motorrad. Aber da haben wir heute nur eine Lampe und tausend kleine Stängchen und Leitungen. Deshalb ließen wir uns beispielsweise für die ›RS‹ die Prallplatte einfallen. Das ist nur eine Vorstufe, die wir bei unseren folgenden Modellen noch weiter entwickeln werden.«

Am Ende dieser Entwicklung könnte ein neues Motorrad stehen. Doch wie es aussehen wird, darüber streiten sich die Geister, vorausgesetzt, ihre Technik-Phantasie ist diesem Zukunftsbild überhaupt gewachsen. »Das Motorrad der Zukunft und gleichzeitig meiner Träume wäre eine superleichte Geländemaschine mit vier Zylindern, 500 cm³ und automatischem Getriebe«, phantasiert F. M. Dumas von der französischen Fachzeitschrift »Moto-Canard«. »Davon abgesehen, hoffe ich, daß für die schweren Maschinen der Kettenantrieb verschwinden wird. Ideal wären 200 kg Höchstgewicht, die Kupplung einer Norton, das Getriebe einer Honda 1 000, die Straßenlage einer Guzzi und die Scheinwerfer eines Autos. Im übrigen dürfte der Zweitaktmotor nur bei Geländemaschinen überleben.«

Sein Kollege J. P. Edart träumt noch ein wenig weiter: »Eine 50 cm³-Einzylinder mit 12 PS und einem Drehzahlbereich zwischen drei- und zehntausend Touren, keine sophistischen Vergaser- und Ventiltechniken mehr!« Begeben sich die Gallier gar auf ironisches Futurologen-Neuland, dann kommt »ein Plastik-Motorrad, das bei jeder Schräglage ›Papa‹ oder ›Mama‹ ruft« heraus: »Jedes Modell, von dem nicht wenigstens eine Million Exemplare verkauft werden, muß vom Markt verschwinden. Ein Gremium von Ärzten erhält den Auftrag, einen Anti-Motorrad-Impfstoff zu entwickeln, der schon in frühester Kindheit jeden sich möglicherweise regenden Spaß an individueller Freiheit beim Motorradfahren abtötet«, lautet ihre Vorstellung von der Motorradfahrer-Zukunft des nächsten Jahrtausends. Ganz so düster scheint sie allerdings nicht auszufallen, wenn man den Prognosen der Hersteller glauben darf. Norton strebt »ein einfacheres Motorrad an«, Suzuki eine »umweltfreundlichere Konstruktion, die sich allerdings nur wenig von heutigen Maschinen unterscheiden dürfte. Daß ein Motorrad gut aussieht, wird eine immer größere Rolle spielen. Die Zubehörausstattung wird immer mehr vervollständigt, man wird Maschinen mit Getriebeautomatik bauen, und der Kardanantrieb dürfte sich bei großvolumigen Maschinen endgültig durchsetzen«. Auch Motobecane erwartet neben einer »Vereinfachung der Mechanik« den Kardanantrieb, und Honda glaubt an eine grundsätzliche Änderung der Anforderung an ein Motorrad: »In Zukunft will man nicht schnell, sondern bequemer und weiter fahren. Die Aura schneller Maschinen wird in der breiten Öffentlichkeit immer stärker durch haltbare Maschinen ersetzt. Und auf jeden Fall wird es mehr Motorrad-Anhänger als heute geben«.

Fraglich ist allerdings, ob die Zukunft auf zwei Rädern aus den Werkstoren großer Motorradmarken rollen wird. Denn schlägt allein schon in der Autobranche die Entwicklung eines neuen Serienmotors in der Größenordnung von Daimler-Benz mit 200 bis 500 Millionen Mark zu Buch, müßte diese Summe steil ansteigen, sollen zusätzliche Fertigungseinrichtungen für neue Rahmen-Konstruktionen oder Kunststoff-Verkleidungen angeschafft werden, weil sich die Firmenleitung für ein Motorrad der Zukunft entscheidet.

Als NSU beispielsweise sein erstes Wankel-Auto auf Serie legte, ließ sich der Vorstand alle Teile des Rotationsmotors und jene eines vergleichbaren Vierzylinders auf den Tisch packen, jedes Teil säuberlich mit einem Zettel versehen, auf dem der Herstellungspreis stand. Der Motor ohne Pleuel, Kolbenbolzen, Ventile, Kipphebel, Stößel und Nockenwelle war teurer, denn ihm fehlte die sichere Basis der für große Stückzahlen ausgelegten Werkzeugmaschinen und Montagebänder. »Hättet ihr ihn doch wenigstens gleich teuer gemacht,« stöhnte ein NSU-Vorstandsmitglied angesichts des kostspieligen Fortschritts.

Ähnlich dürfte es auch Hans Muth bei BMW gegangen sein, als er seine ästhetischen Vorstellungen von der neuen R 100 RS gegen eine steife Konzernbrise über die Ziellinie und unter Leute zu bringen suchte. »Schließlich hat mir der Vorstand die teure Verkleidung bezahlt, und ich möchte Ihnen nicht sagen, was die an Werkzeugkosten verschlungen hat«, kommentierte er nach siegreicher Schlacht. Teuer wurde die Cockpit-Verkleidung vor allem durch das sogenannte Heißpreß-Verfahren, das nicht nur glatte Flächen, sondern allein genügend hohe Stückzahlen erlaubt und damit den Durchbruch zu einem Stück BMW-typischen Sicherheitsimage erlaubte. Hätte die Firmenleitung das Geld nicht genehmigt, wäre Muths Idee vom neuen RS-Gesicht ein kostspieliges Aufpreis-Zubehör für eine Schar ehrgeiziger Avantgardisten geblieben. Muth sah diese Gefahr: »Vorher bekam ich kritische Stimmen zu hören. Wir haben zum Beispiel auf dem Papier unser Cockpit zur Verkleidung einer Polizeimaschine umgezeichnet. Und dann wurde eine Marktuntersuchung gemacht. Wissen Sie, was passierte? Unsere

RS-Verkleidung kam zwar sehr gut weg, aber die meiste Zustimmung fand die häßliche, aufgedonnerte Polizeiverkleidung«.

Wie zuvor bei NSU der teure Wankelmotor, so wurde auch bei BMW das aufwendig produzierte und in der Entwicklungsphase nicht unumstrittene Cockpit verwirklicht. Freilich nicht ohne deutliche Warnung der Marktforscher im branchenüblichen Fach-Chinesisch: »Die Kehrseite der Einheitlichkeit des Anspruchsniveaus und des Images sind natürlich die mangelnde Differenzierung des Typenprogramms und insbesondere die Schwierigkeit, ein echtes Top-Modell zu plazieren«. Mit anderen Worten: Da Muth für alle BMW-Typen und Modelle gleichzeitig ein typisches und gutes Styling anstrebte, fürchteten die Marktstrategen, die Kundschaft könnte angesichts zu geringer Unterscheidungsmerkmale innerhalb der Modellpalette ins Schwimmen geraten. Ganz zu schweigen von der befürchteten Schwierigkeit der Verkäufer, die »RS« als Top-Modell von ihren technisch und optisch allzu eng verwandten Geschwistern abzusetzen.

Für das »muthige« Team war das ein deutlicher Wink mit dem Korsett der Firmendisziplin und dem Zwang zu Verkaufserfolg. Hinterher ist es einfach, dem bärtigen Muth ungewöhnlichen Instinkt, taktisch wie formal, für seine neue Modell-Familie zu bescheinigen. Aber BMW-Maschinen stehen für ein jahrzehntealtes Konzept, das sich hart der erdrückenden Konkurrenz aus Fernost zu erwehren hatte. Auch die frühen Gerüchte von den beiden auf bayrisches Maßkrugvolumen erweiterten Zylindern der neuen Modellserie, lösten nicht überall Beifall aus: Für absehbare Zeit dürfte das 1000er-Triebwerk der hubraumstärkste Motorradmotor sein, den es bei BMW je gab. Weil die Grenzen des vertretbaren Einzylindervolumens erreicht sind, setzt jeder weitere Einstieg in die Eimer-Klasse einen völlig neuen Motor voraus. Diese Grenztechnik und ein leicht angestaubtes Image durch saubere Ästhetik plus einen Hauch Sportlichkeit zu überwinden, so etwa lautete Muth's Aufgabe. Er schaffte die Lösung. Der »Opa-Look« wurde beseitigt, BMW-Motorräder rückten erstmalig

wieder vor Honda, Kawasaki, Yamaha oder MV Agusta in die »Motorrad des Jahres«-Wettbewerbe ein. Sogar Muths Hauskollegen von der Marketingtruppe stimmten schließlich voller Lob über die »RS« darin überein, der BMW-Fahrer werde »in seiner Kaufentscheidung bestärkt und die realitätsferne Konkurrenz disqualifiziert«. Dabei waren es diese Strategen starker Worte gewesen, die den Design-Boss unbewußt noch zusätzlich zu seinem Erfolg inspiriert hatten. Jenes Lob für die aufgedonnerte Verkleidung der Polizeimaschine, nur für einen Markttest gepinselt, weckte nämlich bei Muth den Verdacht, daß es den befragten Motorradkunden in Wahrheit nicht um Geschmacksfragen, sondern um die Wirkung der Verkleidung als Schutzschild ging.

»Da war etwas, was die meisten unbewußt empfunden hatten, aber nicht artikulieren konnten«, erinnerte er sich später. »In Wirklichkeit gefiel die Polizeiverkleidung ja gar nicht, aber man wollte ihre Funktion haben. Und das ist es eigentlich, was wir mit dem Cockpit gemacht haben.«

Das war 1974. Die Forderung lautete: Schaffung einer rahmenfesten Vollverkleidung, welche die Fahrstabilität verbessert und schön ist. Schon die ersten Modelle, originalgroß und im Windkanal von Pininfarina in Turin untersucht, verringerten durch ihre besondere Aerodynamik den Auftrieb um nahezu ein Fünftel und bestätigten, daß Motorradverkleidungen tatsächlich ein Beitrag zur Sicherheit sein können. Den Begriff »Verkleidung« hört Muth allerdings nicht gerne: »Es gab schon einmal eine Zeit, wo sich Motorräder völlig verkleideten, nämlich kurz vor ihrem vorläufigen Tod. Da ist das richtig ausgeartet. Ich glaube hingegen, daß beim Motorrad die sichtbare Technik und die Karosserie – einen richtigen Namen gibt es dafür ja nicht – in einem vernünftigen Verhältnis zueinander stehen müssen. Und genau das haben wir eigentlich mit der RS gemacht, nämlich gezeigt, daß bestimmte Bereiche eines Motorrades völlig neue Funktionen übernehmen und damit dem Fahrer helfen können.«

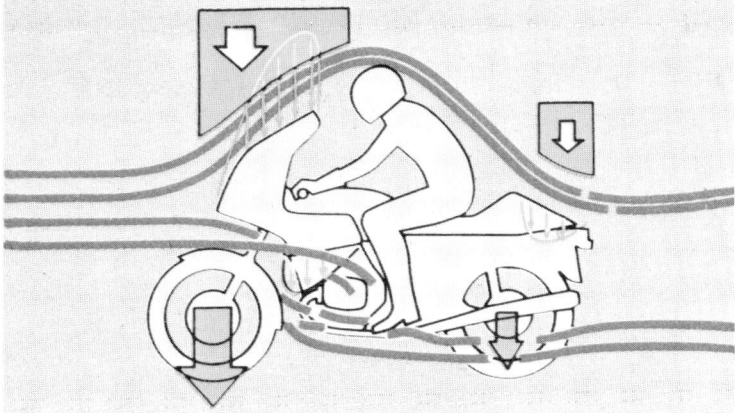

BMW, dort vor allem der Designer Hans Muth, wurde wieder einmal zum Pionier der Motorrad-Verkleidung. Zuerst bei der R 90 S (oben links), dann bei der R 100 RS (oben rechts) entstanden sogenannte „Cockpits" mit Stromlinienform (oben), vor allem aber als eine Art Stauchraum, der – so ergaben Tests – bei Unfällen schützen kann. Der Auftrieb sinkt um 20 Prozent.

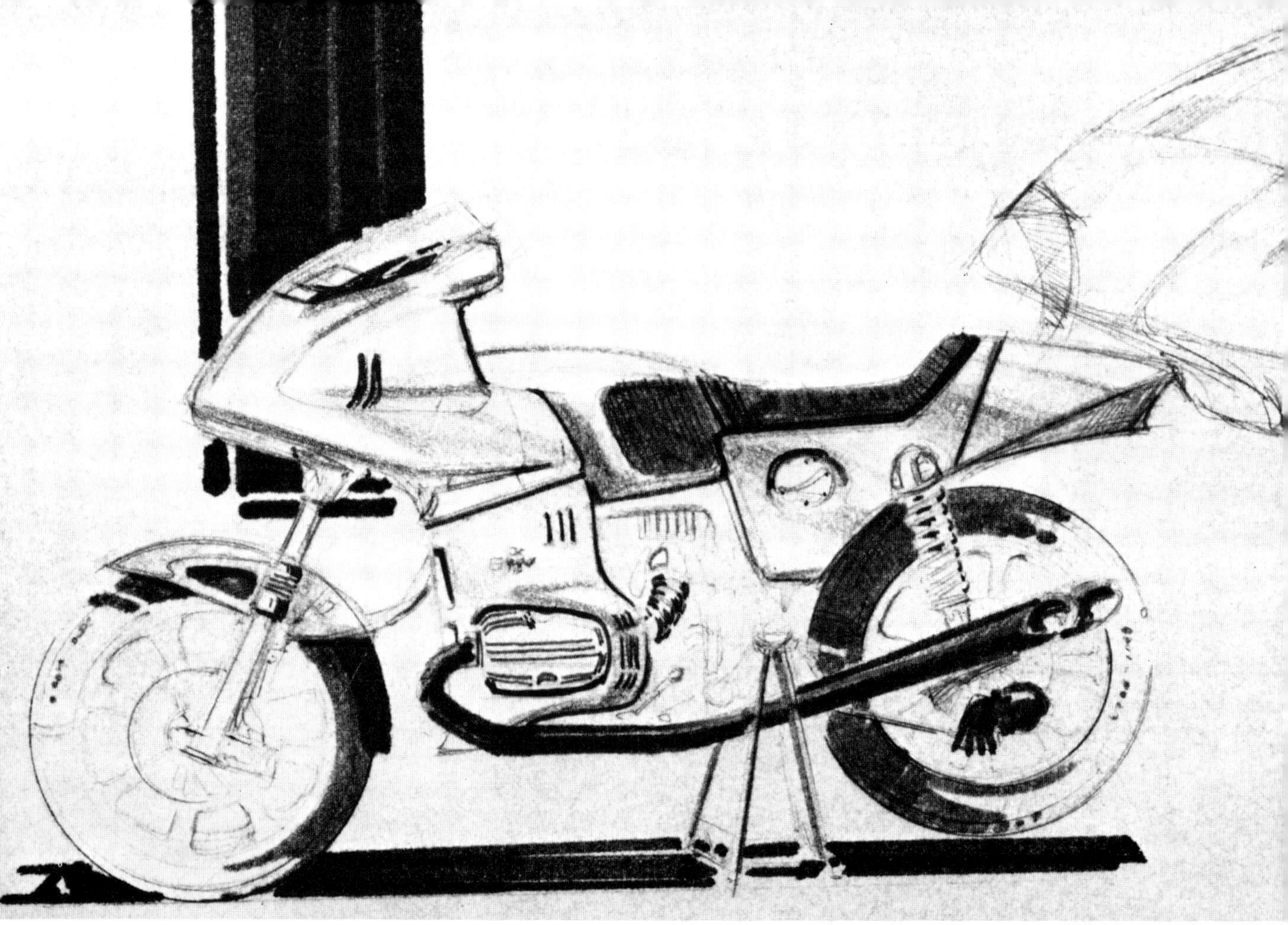

Skizzen des BMW-Designers Hans Muth zeigen den Weg von der Idee bis zur Praxis. Sie entstanden, noch bevor die R 100 RS ihr „Cockpit" erhielt und weisen dennoch bereits mögliche Wege, die Motorradformen in Zukunft gehen könnten. Dabei geht es nicht nur um die Form, sondern auch um

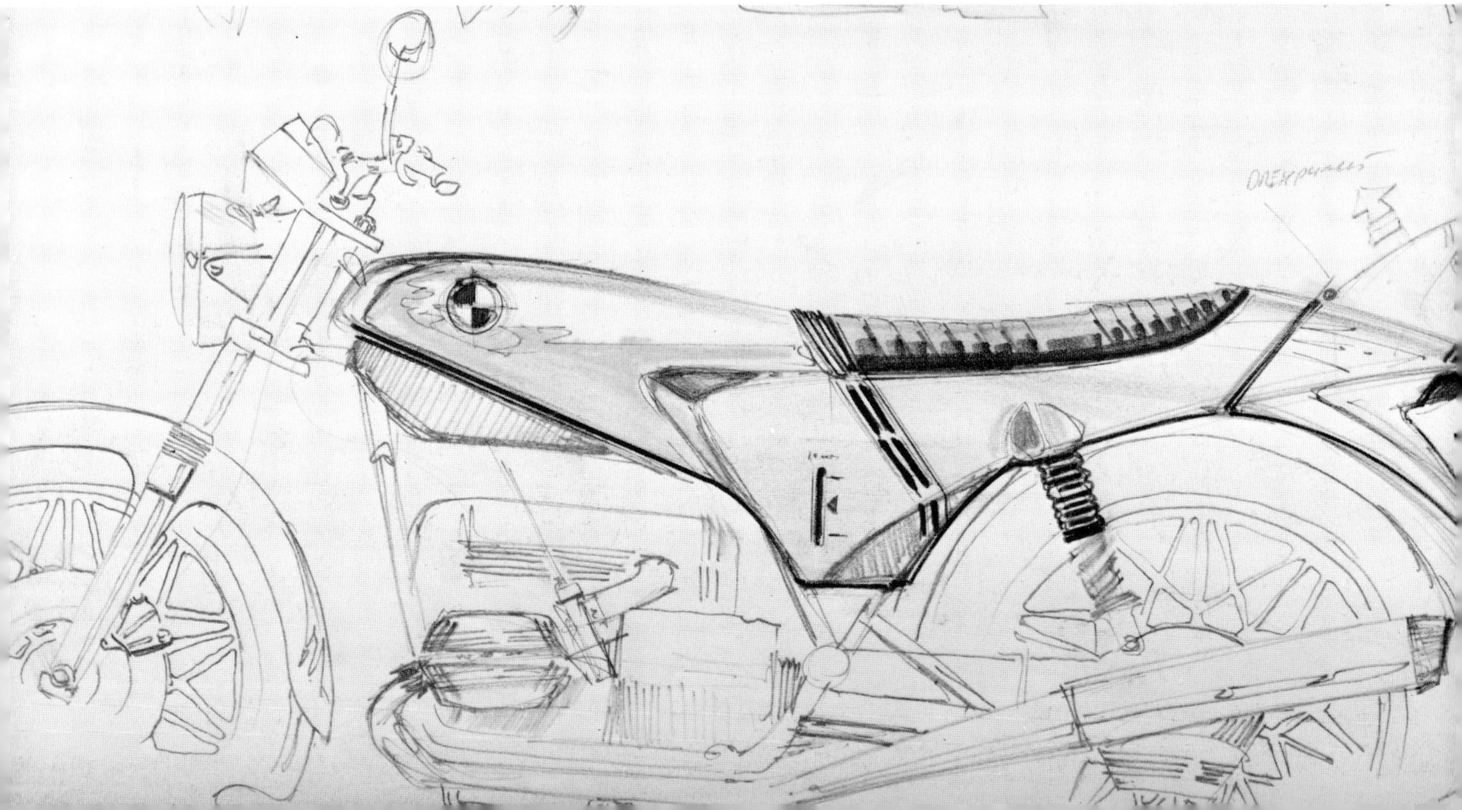

Wind- und Wetterschutz der Verkleidung, um die Einbeziehung des Tanks in die Rahmenstruktur oder darum, die Beleuchtung in die Gesamtform zu integrieren. Verschwinden soll die Unübersichtlichkeit der Bedienungselemente. Angestrebt werden klare Zweckformen.

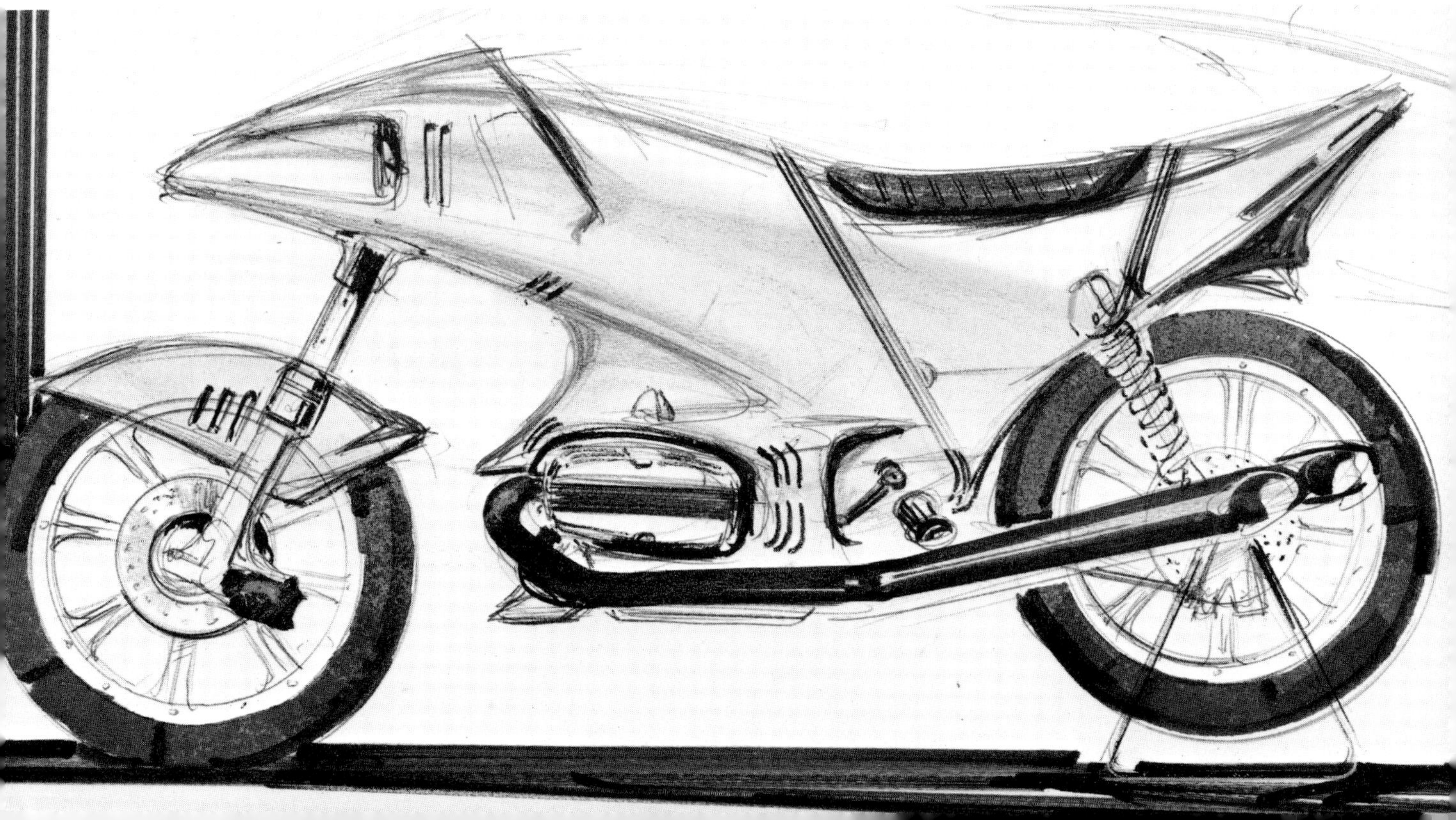

Integral-Cockpit taufte er das neue BMW-Make-up. Integral, weil endlich Blinker. Scheinwerfer und so weiter in die Form mit einbezogen, also integriert werden konnten. Cockpit, weil Motorrad-Fahren für Hans Muth vieles mit Fliegen gemeinsam hat: »Da sitzt man wie auf einer 707 oder einer Phantom exponiert ganz oben, kontrolliert, steuert und kippt ab . . . «. Daß die Entwicklung allerdings zum vollverkleideten Motorrad führen könnte, das glaubt der jugendlich schlanke Vierziger nicht. Nach seiner Meinung kann eine Vollverkleidung »dazu beitragen, gewisse rausstehende Teile zu ›inkorporieren‹, nicht aber, um das Ding wie einen Dampfer aussehen zu lassen«.

Ein wenig stellt Muth damit die gleichzeitig von seinen Werbekollegen mit Millionenaufwand propagierte Idee wieder in Frage. Was der Kundschaft über zehntausend Mark wert sein soll, ist für ihn bereits Vergangenheit, eine experimentelle Etappe, ein »Laboratorium« auf dem Weg zu neuen Maschinen. Ob solcher Fortschrittsdrang bei den Designern allerdings zu einer ähnlich stürmischen Veränderung des Motorrades wie die Inflation immer neuer Einfälle bei den Technikern auf immer neue Räder stellt, ist mindestens zweifelhaft. Sicher ist nicht einmal, ob es wirklich zu einer Aufwertung der Design-Gilde im Motorradbau gekommen ist. »Tank oben, Motor darunter, der Kerl darüber, das Rückgrat verkrümmt, die wichtigen Körperteile unterkühlt« – so beklagt Luigi Colani den derzeitigen Zustand des Motorrades: »Könnte man längst verstorbene Motorrad-Experten der dreißiger Jahre aus ihrer Urne rausholen und sagen ›sieh dir mal an, was heute ‚in‘ ist, wie heute ein Motorrad aussieht‹, dann würden die jedes einzelne Detail wiedererkennen. Für die wäre nichts, wirklich nichts neu und natürlich könnten sie mit Recht behaupten, daß man das meiste zu ihrer Zeit bereits viel besser gemacht hat. Tatsächlich ließ BMW nicht erst Muths Cockpit, sondern bereits vier Jahrzehnte früher auch Hennes Weltrekord-Verkleidung im Windkanal entwickeln. Daß sich Designer aber endlich etwas gegen nasse Füße beim Motorrad-

fahren einfallen lassen, diese Chancen stehen schon rein rechnerisch schlecht. Nicht einmal zehn Prozent der 3000 für die bundesdeutsche Gesamtwirtschaft repräsentativen Firmen beschäftigen Designer. Fast überall fällt ihnen die bescheidene Randrolle eines »Produktkosmetikers« als Mitarbeiter der Marketingabteilung zu. Viel spricht deshalb dafür, daß der Motorradbau von den extravaganten Einfällen einiger Außenseiter mehr profitieren wird als von rationierten, auf Fließbandkalkulation ausgerichteten Ideen hinter großen Werkstoren. Einen bewährten Automotor als Zweiradantrieb zu verwenden, diese Idee kam nicht von einem Großhersteller, sondern von dem Werkstattmeister Friedel Münch. Revolutionäre Entwicklungen neben dem Kardanantrieb, wie neuartige Gabelfederung und Zündsysteme, werden nicht von den großen Japanern, sondern von dem vergleichsweise kleinen Newcomer Hendrik van Veen im Motorradbau eingeführt. Als eine technische Zeitschrift vor einigen Jahren einen Ideenwettbewerb für »das Motorrad der Zukunft« unter seinen Lesern ausschrieb, wurde der gemeinsame Drehpunkt von Ritzel und Schwinge vorgeschlagen – vom Messerschmitt-Kabinenroller abgesehen, im Motorradbau bislang nicht verwirklicht.

Begründeten schon die Anfänge des Motorrades bestenfalls ein gutes Dutzend einfallsreicher Männer, so könnten auch nach weiteren hundert Jahren Zweiradgeschichte die stärksten Impulse von einer kleinen Schar auf eigenes Risiko experimentierender Enthusiasten gekommen sein. Die beiden Wiener Antonio Wohanka und Wolfgang Lenhart, der eine im Zivilberuf Medizinstudent, der andere Angestellter, haben beispielsweise alle Chancen, den zweirädrigen Fortschritt von allzu verkrusteten Traditionen zu befreien. Beide bedauern heute eigentlich nur, daß sie sich erst spät kennenlernten, »da unsere Mütter nicht zu überreden waren, mit unseren Sportwägen, Marke ›Hosevoll‹, zu kollidieren. So besuchten wir, ohne einander zu kennen, dasselbe Gymnasium, bis wir durch eine undurchschaubare Fügung beide die Sechste wie-

„Motorräder sind Schönwetter-Geräte", lautet der
übliche Vorwurf gegen die Freiluft-Vehikel. Eine
Gedankenspielerei mit dem Zeichenstift brachte
Hans Muth zu Papier: Ein Motorrad als Antrieb
und „drittes Rad" eines Kleinwagens. Von hinten
in die Karosserie geschoben (ganz oben) und dort
verankert, verschwindet es völlig unter der Außenhaut eines schnittigen Sportwagens (oben).
Technisch sicherlich kein Problem, hat diese Idee
nur den Nachteil, daß Motorräder ihre Rolle als
Freizeit-Vehikel so perfekt spielen und daher am
Markt kaum ein Bedarf an Schlechtwetter-Maschi-
nen besteht.

derholen mußten und uns in der gleichen Klasse fanden«. Von da ab fuhren sie zusammen Motorrad und entwarfen Verbesserungsvorschläge. Einen Grundgedanken zur Prallplatte der BMW R 100 legten die beiden schon ein Jahr früher vor. Die von Colani geforderte Monocoque-Bauweise findet sich unter ihren Vorschlägen ebenso wie ein Öldruck-unterstützter Ständer für schwere Maschinen.

Diese Outsider-Bewegung erhält zusätzlichen Auftrieb durch die Wandlung des Motorrades vom Transportmittel zum Freizeitvehikel. »Es ist nichts weiter als ein Spaßinstrument, ein Freizeitinstrument, wie ein Sportflugzeug oder eine Jacht«, meint auch BMW-Mann Muth. »Es hat keine wirtschaftliche Bedeutung. Es ist zum Beispiel keine Antwort auf den immer dichter werdenden Autoverkehr.«

Der Freizeitmarkt war aber schon immer – nicht nur, aber auch – ein Markt der Individualisten. Unvorstellbar, daß sich jemand ein Serienauto wegen des kernigen Auspuffgeräusches kauft – bei einer MV Agusta aber durchaus möglich. Oder unwahrscheinlich, daß jemand sein Vierrad der Schönheit des Motors wegen anschafft. Es bedarf keines psychologischen Tiefgangs für die Erkenntnis, um wieviel unmittelbarer das Verhältnis zur puren Technik beim Motorrad im Vergleich zum Auto ist. Da jeder dieses Gefühl anders empfindet und gleichzeitig keinerlei Gebrauchsnutzen das zweirädrige Freizeitgerät einengt, können Motorradfans ihren Psycho-Bedarf nach Technik auf jeweils eigene Art befriedigen. Der Brensbacher Heizungsbauer Adolf Hafner zum Beispiel zerlegte seine nagelneue Honda 1000 GL »Gold Wing« erst einmal, laugte den Rahmen ab, sandstrahlte ihn, um ihn nach einer Grundierung viermal im Einbrennofen zu lackieren. Sämtliche Aluteile wurden sorgfältigst poliert und samt Kühlergrill verchromt. Für rund 16 000 Mark hatte sich diese »Gold Wing« zur »Chrom Wing« gewandelt.

»Motorräder werden immer sophistischer«, kommentierten die Chefs von zwei der größten französischen Motorradhäuser, die Messieurs Murit und Krajka, den immer stärkeren Drang zu ungewöhnlichen, individuellen, manchmal auch ein bißchen verrückten Maschinen. Diese Beobachtung muß ihren Grund haben, denn japanische Massenprodukte beherrschen den französischen Markt zu über 80 Prozent und erfüllen vielleicht alle Ansprüche, nur keine sophistischen. Die hat, ebenfalls ganz im Gegensatz zu den Japanern, Hendrik van Veen in Amsterdam mit seiner »Wankel-OCR 1000« im Auge, dem seiner Ansicht nach »besten Motorrad auf dem Markt«. Aber trotz überragend positivem Marktecho anläßlich der ersten offiziellen Vorstellung des Wankelmotorrades strebt der holländische Kreidler-Importeur keine japanischen Stückzahlen an. Er will seinen Markt mit den Liebhabern der zweirädrigen Technik, eben mit den Fans seidenweicher Schaltgetriebe machen, nicht mit phantasielosen Konsumenten.

Je länger die japanischen Großserienproduzenten ihr Geschäft mit Konsum-Maschinen machen, um so deutlicher regt sich die Opposition. Vorerst noch im Untergrund, aber keineswegs passiv, reift der Gedanke an besonders ausgereifte, technisch aufwendige, nicht ganz billige, aber besonders gute Motorräder. Vielleicht kann sich nicht jeder eine solche Maschine leisten, dafür ist sie aber besonders schön, denn erstmals spielen bei diesem Trend auch die Designer eine wichtige Rolle. Noch gibt es diese Motorräder nicht, aber es wird schon heftig von ihnen geträumt.

Daß vor allem die Japaner solche Träume fürchten müssen, liegt auf der Hand. Doch nach Ansicht von Luigi Colani geschieht ihnen das gerade recht, denn »die Japaner haben das Motorrad der dreißiger Jahre, das unaufgeräumte Tramp-Vehikel von damals, übernommen und in den müden europäischen Markt reingepustet – via Amerika, dessen Konsumstärke ohnehin stilbestimmend war. Damit haben die Japaner das Motorrad alter Prägung wieder hoffähig gemacht. Tatsächlich waren aber in Europa schon in den zwanziger und dreißiger Jahren ganz andere Stilrichtungen erkennbar. Zum Beispiel in den Bemühungen, die Technik ›aufzuräumen‹, wobei BMW, Hoffmann oder Horex

106

BMW als Hersteller von Autos und Motorrädern gleichermaßen ist dafür prädestiniert, Einflüsse vom einen Verkehrsmittel auf das andere zu übertragen. „Ein Motorradfahrer muß alles das bei seiner Maschine wiederfinden, die Logik, die Klarheit, die Anordnung der Bedienungselemente, wie er es vom Auto her gewohnt ist", meint Hans Muth, aus dessen Skizzenbuch diese ersten „optischen Überlegungen" für einen Sportwagen stammen. Muth sieht durchaus Parallelen zwischen Auto und Motorrad, denn er fordert, man müsse „beim Motorrad alles das wiederfinden, die Nüchternheit und Vernunft, die man vom Auto gewohnt ist. Was ein Autofahrer mit den Füßen macht, das macht der Motorradfahrer gleichzeitig mit Füßen und beiden Händen. Und dann finde ich es einfach nicht richtig, wenn der Mann anfangen muß zu suchen. Der soll fahren und dabei wirklich auf seine Kosten kommen – vom Spaß, von der Sicherheit und der Beherrschbarkeit der Maschine her. Um dorthin zu kommen, ist mehr notwendig als eine bessere Technik".

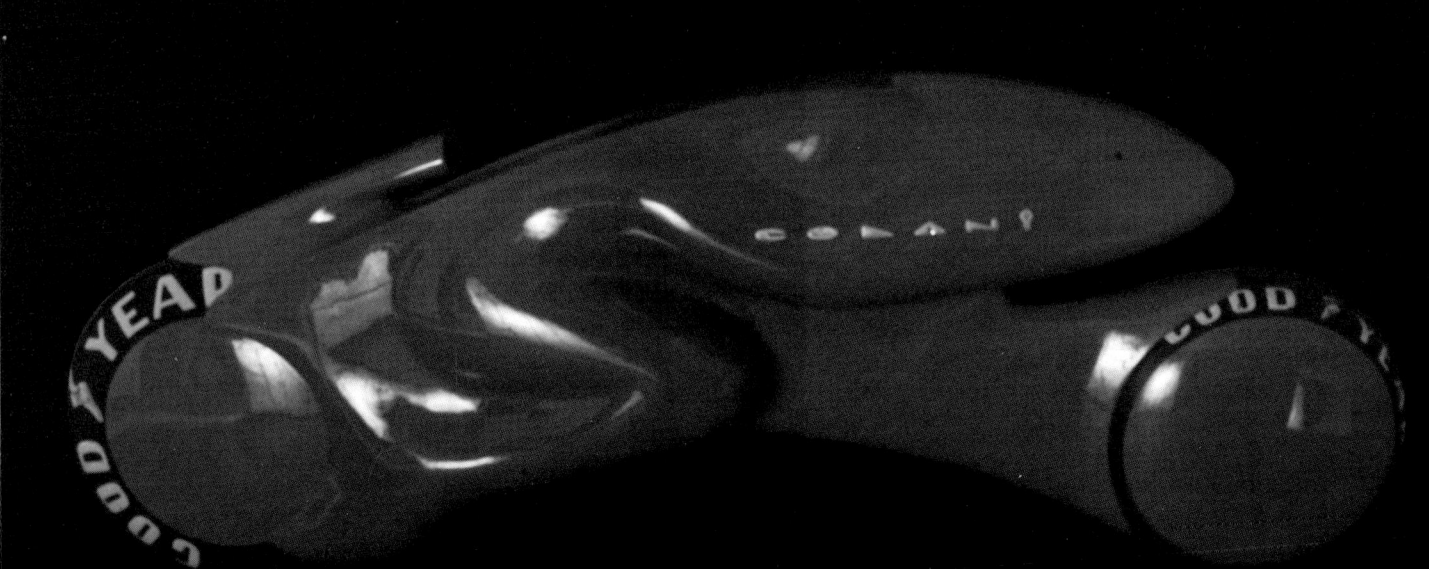

Luigi Colani, freischaffender Designer und harter Kritiker am heutigen Zustand des Motorrads, hat eine „Münch" verkleidet – den Fahrer tiefer gesetzt, seine Haltung zur windgünstigen Ei-Form reduziert (links) und die Stirnfläche verkleinert (unten). Nach eigener Aussage war das Ergebnis dieser Arbeit aber auch für ihn nicht völlig befriedigend, weil Rahmen und Gesamtkonstruktion den formalen Eingriffen enge Grenzen setzten. Colani hat dagegen versucht, in einer Formstudie zu zeigen, welche Form er der Kombination aus Maschine und Fahrer geben möchte (links unten). Dabei strebte er auch grundsätzliche Veränderungen – etwa den Motor als tragendes Element – an. Nach Colanis Ansicht entwickelten die Motorradkonstrukteure der 20, 30, 40er Jahre mehr Ideen als heute, wo vor allem japanische Großserienmaschinen das konfektionierte Bild bestimmen und fast jeden Versuch in Richtung Individualismus und Änderung des Motorrad-Bildes verhindern. Tatsächlich fällt auf, daß sich die wesentlichen Elemente im Motorradbau während der letzten fünfzig Jahre kaum verändert haben, während im Automobilbau Komfort, Technik und schließlich sogar Wirtschaftlichkeit und Sicherheit sich in Riesenschritten vorwärts bewegten. „Kosmetik" nennt Colani alle derzeitigen Versuche, Motorräder durch Verkleidungen zu „verschönern". Tatsächlich bleibt darunter die Struktur unangetastet. Weil es Aufgabe des Designers ist, Gebrauchsgegenstände auf ihre natürliche – von ihrem Zweck bestimmte – Form zu reduzieren und diese möglichst handlich und ästhetisch darzustellen, muß das heutige Bild des Motorrades den Widerspruch der Designer provozieren.

eine Rolle spielten. Die Japaner haben das beim Kamerabau genauso gemacht. Sie haben von Europa und Amerika eine technische Zivilisation übernommen, hemmungslos alles kopiert, eingefroren und über Jahrzehnte hinweg pervertiert. Während wir Europäer dagegen Erkenntnisse der Vergangenheit immer wieder knallhart in Frage stellen und neu entwickelten. Diesen Rhythmus haben die Japaner beim Motorrad unterbrochen. Ein Honda wird in die Motorradgeschichte eingehen als der Mann, der den Fortschritt im Motorradbau anhielt. Nicht eine einzige Neuerung ist aus Japan gekommen. Die haben Gott wer weiß was wieviele Motorräder hergestellt, aber neu entwickelt haben sie nichts!«

Wer Colani nicht kennt, weiß nicht, ob er meint, was er sagt, oder ob er sagt, was er meint. Wer ihn kennt, weiß wenigstens, daß beides ein wenig zutrifft. Es gibt Leute, die ihn am liebsten durch jenes »Klo der Zukunft«, das er für Villeroy und Boch entworfen hat, in den Orkus spülen würden. Es gibt aber auch Leute, die bereit wären, ihn für ein Genie zu halten. Letzteres vermutlich nicht, weil er sich in Höchstfahrt hineinreden kann, bis die Wörter aus der Kurve fliegen, sondern weil er abseits aller eigenwerblichen Aussprüche die Nase meist verblüffend gut im Wind hat. So teilt etwa auch Hans Muth bei BMW die Kritik an den Japanern: »Sehen Sie sich die Japaner an. Da gibt es einen Tank, da gibt es einen Vorderkotflügel, eine Batterie, einen Sitz und ein Heckteil. Und das wird nun durchweg variiert. Einmal gerade, einmal rund, einmal eingedrückt, mal so und mal anders. Ich kann da keine klare Linie erkennen. Warum ist zum Beispiel bei der großen Honda ein Tank eingebaut, wenn er gar kein Tank, sondern ein Handschuhfach ist? Er sieht zwar aus wie ein Tank, aber wenn man ihn aufklappt, dann sieht es da aus wie im Magen von Frankenstein.«

Muth hat mit seinem freiberuflichen Gegenstück Colani gemeinsam, daß beide sich in Rage reden, wenn von japanischen Motorrädern die Rede ist. Und beide pflegen ihrem optisch engagierten Handwerk entsprechend eine bildhafte Sprache. Doch sonst liegen Welten zwischen Muth und Colani. Auch über solche Oberflächlichkeiten hinaus, daß der BMW-Mann schmal wie ein Jockey, Colani dagegen ein kräftiger Germane ist, daß der eine in der Münchner Seenvorstadt wohnt, der andere in einem echten Schloß, malerisch in der grünen Einöde Westfalens gelegen. Oder, daß Muth in schwarzen Jeans daherkommt, Colani dagegen in weißen. Unterscheidungsmerkmal von Bedeutung ist da schon mehr der Stallgeruch. Muth war in den USA, Colani in Frankreich. Muth pinselt auch in seiner Freizeit (»Was ist das bei einem schöpferisch tätigen Menschen?«) Autos und Motorräder, Colani malt Frauen, präzise und nicht ohne Porno-Effekt. Selbst sein Ideen-Modell für einen Super-Jumbo zeigt verwandtschaftliche Formen mit Sophia Lorens Oberrundungen oder den rundbackigen Putten eines Botticelli. Beide, dem schmalen Muth und dem breitschultrigen Colani, ist gemeinsam, was Letzterer so umschreibt: »Ein Designer hat einen Dialog mit Millionen.« Doch wiederum pflegen beide diesen Dialog auf unterschiedliche Art. Muth beispielsweise, indem er auch privat Motorrad fährt, »eine MV Agusta 350 S und eine Geländemaschine, eine Ossa, und eine Laverda«. Und natürlich eine BMW. »Aber ich würde daraus nicht gewisse Eindrücke ableiten. Sondern im Grunde stehen sie alle für eine bestimmte Kategorie von Motorrädern.«

Colani dagegen hält Distanz, obgleich er eine »Münch« in seiner Garage hat: »Sie ist mir mal umgefallen und sie wiegt, glaube ich, sechs Zentner. Obwohl ich ziemlich kräftig bin, konnte ich das Ding nicht aufheben. Mich interessiert dieses Motorrad nicht und deshalb bin ich es auch nie gefahren. Ich habe ein Fun-Bike von Yamaha, mit dem ich hier durch den Wald brause.«

Damit offenbart sich der entscheidende Unterschied zwischen den beiden Design-Welten. Muth steht auf einer anderen professionellen Stufe als Colani. Er ist Spezialist für Verkehrsmittel, ein Experte innerhalb des »Systems«. Colani dagegen dient das Motorrad nur zum

Transport seiner beruflichen Interessen: »Es ist wahnsinnig einfach, ein Objekt ›in‹ zu machen. Man muß es nur anders machen, als es auf dem Markt zu finden ist.« Genau das kann Muth nicht. Er kann nicht plötzlich eine BMW über die Verkaufsrampe schieben, die völlig anders als alle anderen Modelle aussieht. Abgesehen davon, daß er von seinem Vorstand für ein derartiges Projekt vielleicht keine Mark bekäme, würde Muth damit seine eigene Philosophie über den Haufen werfen. À la Colani lebt sich's dagegen anstrengender, weil schneller: »Der Flugkapitän steuert ein Flugzeug ein paar Stunden lang, da ist er König. Der Designer aber muß eine lange Zeit überdauern. Er muß vorausdenken, fünf Jahre versteckt und verlacht, fünf Jahre akzeptiert, die dritten fünf Jahre zufrieden.« Und daß er seinen IN-OUT-Mechanismus mit kessen Sprüchen poliert, bringt ihn zum Vergleich mit »Paracelsus, der einst mit einer vierbrüstigen Frau und einem Affen durch die Lande zog und im Hintergrund doch ein ordentlicher Forscher war«.

Ordentlich forschen glaubt Colani angesichts der erdrückenden Zweirad-Übermacht aus Japan nicht zu können. Auch seinen eigenen Versuch, der »Münch« ein neues »Kleid« zu verpassen, qualifiziert er selbstkritisch als »Schminke – das ist aber auch alles. Ich habe den Fahrer zehn Zentimeter tiefer gesetzt und dann habe ich ihn in der Schnellfahrposition zu dem bekannten aerodynamischen Ei gemacht. Mehr konnte ich mit dem maroden System nicht anfangen, ohne alles grundsätzlich auseinander zu nehmen.«

Übrigens: Daß er als Verkleidung eine Eiform wählte, war bei Colani kein Zufall – er sucht gerade Linien zu vermeiden, wo immer es geht. »Auf einem runden Himmelskörper ist eine gerade Linie eine Lästerung«, bringt er seine Formphilosophie auf ein griffiges Maß. »Wo gibt es gerade Linien in der Natur? In den Kristallen, die sich in den Gelenken ablagern und das ist eine Krankheit, Rheuma.« Hätte er aber die Münch auseinandergenommen und wieder zusammengesetzt, wäre ein völlig anderes Motorrad hergekommen. Denn nach seinen Vorstellungen soll »der Motor im Rad liegen. Wankelmotor hinten, möglicherweise Doppelräder und Scheibenbremsen hinten und vorne, die Gabel zwischen dem Doppelrad. Ich könnte mir ein Motorrad vorstellen, das dem Baummschen Liegestuhl ähnlich sieht. Mit zwei Sitzen hintereinander, etwa 3 bis 3,50 m lang, tiefliegender Schwerpunkt, kleiner Motor, geringe Stirnfläche, ein Dach, das sich im Sommer auf Stützen hochstellen und bei schlechtem Wetter und hohen Geschwindigkeiten herunterklappen läßt. Die Grundidee hat ja Baumm schon mit seinem Rekordfahrzeug geliefert. Würde man so ein Fahrzeug in einer vernünftigen Form zu einem annehmbaren Preis auf den Markt bringen, würde keines dieser lächerlichen, in Abtönfarben vertuschten Ungeheuer mehr gekauft. Heute wird doch mit Motorrädern nur noch eine schmuddelige Potenzpsychologie an eine Bande von Möchtegern-Youngsters verscheuert. Jeder Auto-Manager, der etwas auf sich hält, läuft mit pfundschweren Motorradhandschuhen, weißer Mähne und Lederjacke herum und mimt, den Motorradhelm unterm Arm, die Masche ›I am still a youngster, who is doing everything in the world‹. Deshalb fürchte ich, daß sich die Entwicklung des Motorrades erst wieder fangen wird, wenn man völlig neue Denkansätze, eine neue Philosophie gefunden hat.«

Aber wird der Markt, das konservativ eingeschätzte Motorradpublikum, eine solche Veränderung ohne Murren mitmachen? »Aber ja! Denken Sie doch einmal daran, wie blitzartig die gesamte Menschheit vom Füllfederhalter auf den Kugel- oder Filzschreiber umgestiegen ist. Das ging innerhalb weniger Wochen vor sich, reibungslos und gnadenlos für eine out-dated-Technik. Der Übergang vom Propellerflugzeug zum Jet gehört ebenso hierher.«

Colani wäre ein Dummkopf, versuchte er nicht seinen IN-OUT-Mechanismus auch historisch zu untermauern. Kugelschreiber und Jet sind dafür geeignete Beispiele. Freilich verführen sie zu übertriebener Vereinfachung, denn Motorräder sind mehr als ein Schreibgerät oder Flug-

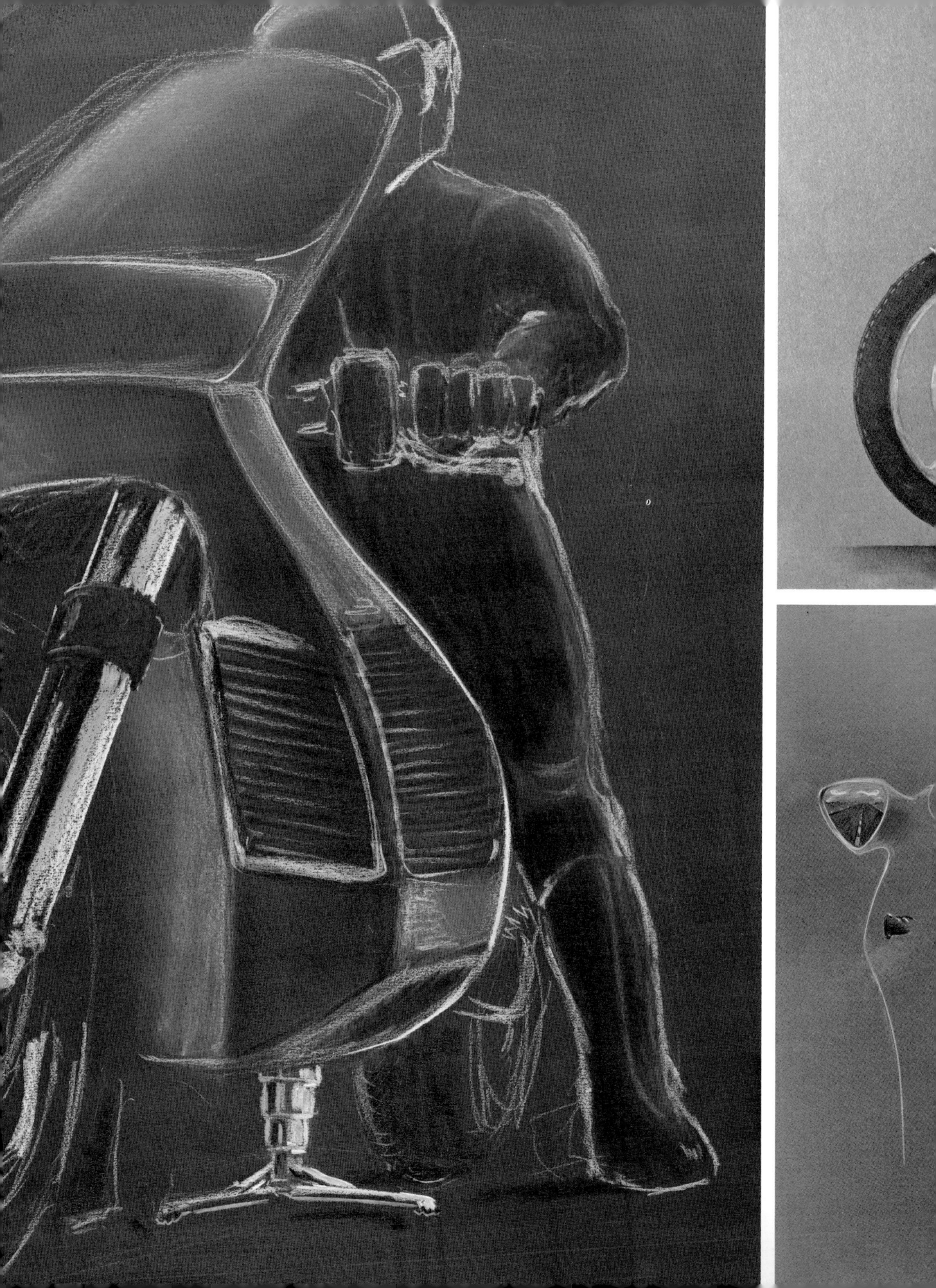

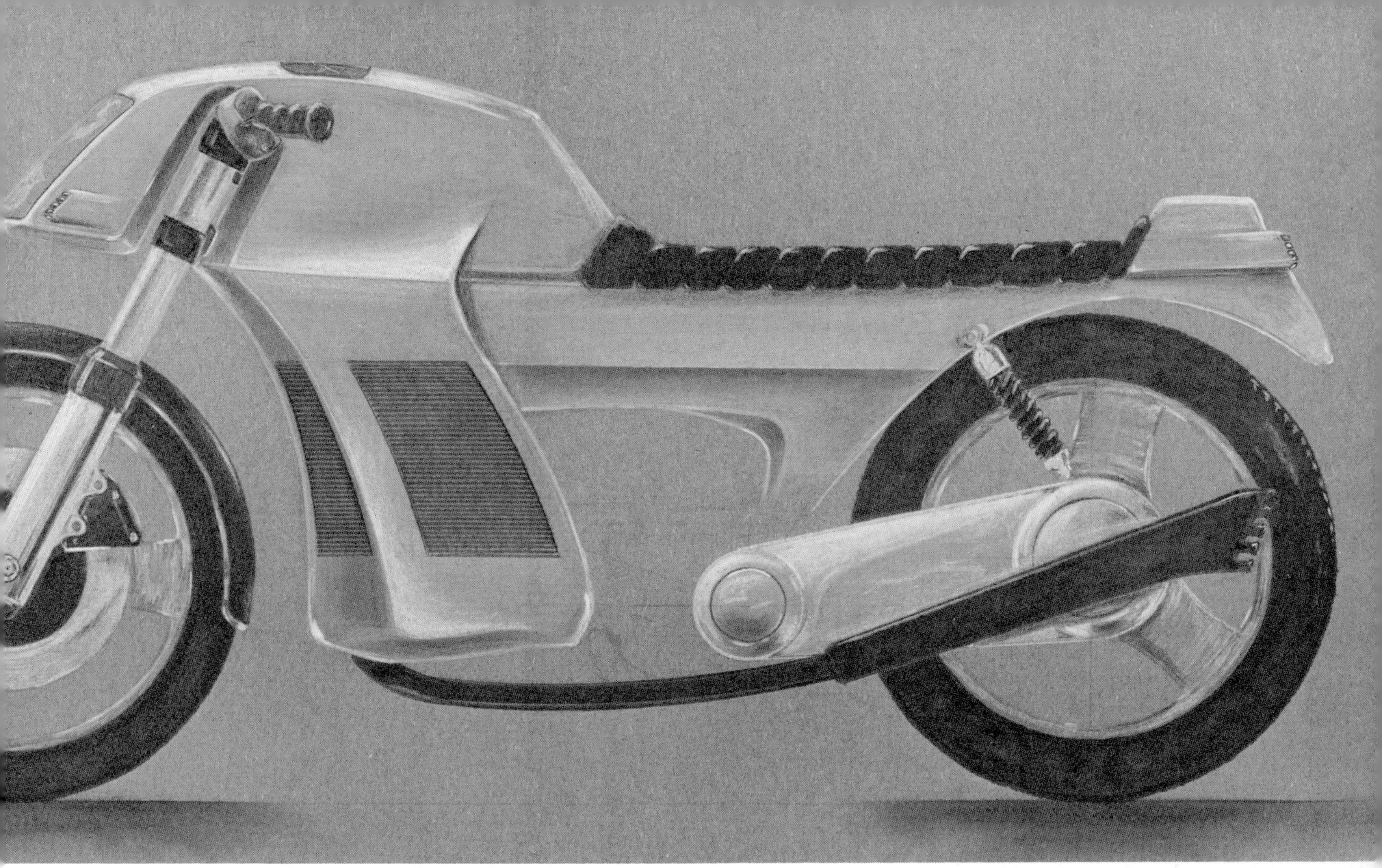

Vordere Doppelseite:

Die beiden Wiener Antonio Wohanka und Wolfgang Lenhart, beide Motorrad-Fans, machen sich seit Jahren darüber Gedanken, wie Motorräder aussehen müßten. Sie fordern beispielsweise einen hydraulischen Ständer, eine Verstärkung von dessen Rückholfeder und wirksamere Verkleidungen (links außen). Den Tank möchten sie unter die Sitzbank verbannen, die Kettenführung voll kapseln und den Drehpunkt von Heckschwinge und Antrieb zusammenlegen (oben quer). Den Rückspiegel möchten sie in die Verkleidung integriert sehen, die Instrumente müßten größer und blendfrei werden. Anstelle des unter die Sitzbank gewanderten Tanks entstünde Raum für einen „Kofferraum" (unten Mitte). Lenhart: „Dazu passende Koffer müßten vom Fahrzeughersteller mitgeliefert werden". Wassergekühlte Fahrzeuge sollten nach Ansicht der beiden Austro-Kritiker Ihren Kühler seitlich vor den Beinen erhalten — mit einem Klappensystem für Schön- und Schlechtwetterbetrieb in der Verkleidung, denn „Warmluft schont die Beine".

---

zeugmotor. Mit ihm verbindet sich eine psychologische Symbolwirkung, ähnlich jugendlichem Trend zu Sportwagen, auch wenn Colani das nicht wahrhaben mag: »Motorräder als Potenzersatz? Nein! Europa kannte dieses Bedürfnis doch gar nicht. Stellen Sie sich doch einmal das Europa der Jahrhundertwende vor, als die ersten Motorräder entstanden. Glatzköpfige, dickbäuchige Männer, voller Ideen, voller Dampf schossen kreuz und quer durch die Landschaft und setzten die Welt ›on fire‹. Die Komplexe kamen doch erst später aus dem amerikanischen Raum. Wenn man begreifen will, warum wir heute so beschissene Motorräder bauen, dann braucht man nur die amerikanische Gesellschaft mit Freudschen Formeln aufzuschlüsseln. Hier ist eine längst überholte Spezies über die psychologische Hintertreppe, über die schwarze Couch wieder eingeführt worden.«
Colani interpretiert den Motorrad-Stammbaum

europäisch, denn es sei schon »immer europäisches Gedankengut gewesen, was die Amerikaner ausgeschlachtet haben. Und damit haben sie dann ihre Nachbarn auf der anderen Seite, die Japaner, befruchtet. Die haben ihrem Fortschrittsglauben gesagt: America, that's the greatest, da kommen die besten Ideen her. Und der Verkaufserfolg, mit dem die japanischen Motorradbauer nach Europa vorstießen, ist somit der Dusseligkeit der Amerikaner zu verdanken, die auf dem Umweg über Japan völlig überholte Ideen in Europa wieder hoffähig machten.« Von Europa stammte die Idee, in Amerika wurde sie vermarktet, von den Japanern billig und in großen Stückzahlen wieder in die Alte Welt zurückgebracht — so funktioniert laut Colani der Kreislauf, und zwar so perfekt, daß europäische Motorradkonstrukteure während der vergangenen dreißig, vierzig Jahre kaum Chancen hatten, neue Impulse einzubringen.

Progressive Ideen scheiterten am Konkurrenzdruck aus Richtung Osten, wo noch immer die große Mehrzahl aller Motorräder nach technischen und formalen Prinzipien entstehen, die vor mehr als einem halben Jahrhundert von den Pionieren des Motorradbaus entwickelt wurden. Noch immer sehen Motorräder aus wie durch massives Fachwerk verstärkte Fahrräder, aufgeputzt durch Chrom-Attribute wie die Gangsterautos der Al Capone-Ära in den USA. Nur Experten unterscheiden auch mit Weitblick, ob es sich um eine Honda oder Yamaha handelt. Von ein, zwei Ausnahmen abgesehen, gleichen sich die Marken wie uneheliche Zwillinge — vergleichsweise im Automobilbau tödlich, wenn ein Daimler mit einem Ford oder ein Ford mit einem VW verwechselt werden könnte. Technische Phantasie und optischer Individualismus wurden vom Motorradbau der Grosserie schlicht erschlagen. Ein Vorgang, der in der Geschichte ohne Vergleich ist. Niemand käme auf die Idee, einen Autofahrer nur deshalb eineinhalb Meter hoch über die Straße zu setzen, nur weil das in der Frühzeit der Motorisierung auch einmal so war. Bei Motorrädern bleibt derartiges eisern konserviert. Die breite Kundschaft hat sich daran gewöhnt und argumentiert mit der Bequemlichkeit dieser Gewöhnung, solcherart Motorrad-Selbstdarstellung entspreche wohl der optimalen Lösung. Nichts beweise das besser als die Tatsache, daß noch nichts Besseres auf dem Markt sei. Seltsamerweise fühlt sich dabei niemand an den skurrilen Kindermund erinnert: Geschieht meiner Mutter ganz recht, wenn ich an den Fingern friere, warum kauft sie mir auch keine Handschuhe.

A propos frieren: Dreiviertel der Weltmotorradproduktion wird unter klimatischen Bedingungen gefahren, die herbe Temperaturen und kalte Finger bescheren. Aber bis heute kam noch keinem Serienhersteller der Einfall, Lenkergriffe zu beheizen, von Ausnahmen wie bei der BMW-R 75-Weltkriegs-II-Maschine abgesehen. Der Mangel an technischem Einfall wurde vielmehr durch kesse Werbesprüche wettgemacht. Daß gelobt sei, was hart mache. Ein Motorradfahrer, der nicht auch mal an den Fingern friere, sei kein richtiger Motorradfahrer. Daß freilich nicht nur freundliche Motorradfahrer an den Fliegen auf ihren Zähnen, sondern auch erfahrene Motorradfahrer am schleppenden Rheuma-Gang zu erkennen sind, paßt nicht ins marktfreundliche Absatzbild. Oder: Bis zu BMW-Muths Prallplatte konnte sich jeder Fahrer bei einem Kopfüber-Unfall an den spitzen Schrauben und Kanten der vor ihm liegenden Frontpartie mörderisch zu Tode rammen. Federung und Dämpfung der meisten Zweiräder sind immer noch derart unterentwickelt, daß ihnen nicht einmal die gestandenen Produkte der Glühbirnen-Industrie standhalten. Bei einer einzigen Fahrt zwischen Basel und Stuttgart über die gewöhnlich brettebene Autobahn vibrierten an einer 900er-Kawasaki nicht weniger als drei Glühbirnen ihren Lebensfaden durch. Und wo jeder Hersteller von Kaffeemühlen oder Feuerzeugen seinen Kunden griffige Formen und augenschonende Ästhetik bietet, bescheiden sich Motorradhersteller mit schwarzen Farbklecksen oder chromglänzendem Durcheinander. Schon eine wildlederbezogene Sitzbank soll Jet-Set-Atmosphäre signalisieren – ein übler Witz im Zeitalter von Stahl, Glas und Finn-Design. Allein der Mangel an Alternativen hat bisher die breite Vorstellung von Besserem und Schönerem verhindert.

Diese Alternativen zu entwickeln, haben vermutlich Außenseiter die besten Chancen. »Die Coca-Cola-Philosophie hat eine winzige Minorität bereits provoziert, denn Europa ist nach wie vor der denkende Nabel der Welt«, frohlockt auch Colani. Schafft die Außenseiter-Crew den Einbruch in die Marktherrschaft der Großen allerdings nicht, stirbt das Motorrad den Massentod. »Nein«, widerspricht zwar der Apo-Designer, »ich muß immer wieder mit Amerika anfangen, weil wir dort den Kern des Problems zu suchen haben. Einen gnaden- und lückenlosen Leistungsdruck, der bis in die Unterwäsche geht. Wo man sogar das letzte Bedürfnis nach Restfreiheit mit Fun-Bikes schamlos vermarktet hat. Und weil wir in Europa immer das nachvollziehen, was uns die Amerikaner vormachen, werden wir bei uns Ähnliches erleben. Aber warten wir einmal ab, bis sich die Japaner kaputt verdient haben. Dann können wir wieder neu beginnen. Nicht um den alten Kram zu kopieren. Wir müssen über die Rolle des Motorrades in seiner Stammesgeschichte der Transportvehikel grundsätzlich nachdenken. Erst dann gebe ich dem Zweirad wieder eine Chance.«

Colani wie Muth, jeder für sich, steht als Symbolfigur für eine neue Generation der Motorraddenker. Der eine sucht die Lösung in der polternden Revolution von außen, der andere hat den Marsch durch die Institutionen angetreten. Muth hält dabei Motorradfahrer für konservativ, für eine gegenüber allen Veränderungen mißtrauische Rasse. Colani dagegen hält sie für »geschminkte Leichen, von raffinierten Werbepsychologen geschminkte Leichen. Mein Gott, sieht Opa gut aus, für den kriegen wir noch 'ne Unterstützung – so ungefähr sehen Motorradfahrer doch aus! Denn diese Rasse von Motorrädern ist tot, töter geht es nicht. Wir müssen endlich anfangen, uns mit diesen Einflüssen aus Ost und West auseinanderzusetzen. Nur dann bekommen wir bessere, schönere Motorräder.«